U0319609

首发经济

重塑商业生态与消费未来

徐培军　潘可祎 · 著

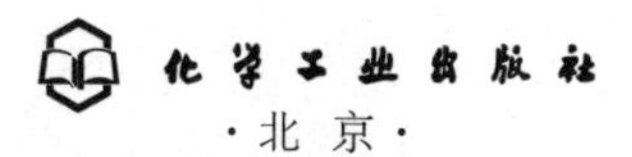

· 北 京 ·

内容简介

在数字经济与消费升级的双重浪潮下，首发经济正成为驱动中国经济增长的新引擎。本书立足国家“十四五”培育新质生产力的时代背景，系统构建了首发经济的理论框架与实践路径，揭示其如何通过“首店、首展、首秀、首游”等创新模式，重构商业生态、激活消费潜能、赋能产业升级。

全书以首发经济为核心主线，不仅阐述了首发经济的核心概念、发展现状、面临挑战及未来走向，还深入探讨了其与首店经济的紧密联系，以及在二次元和“谷子”经济、萌宠经济等新兴消费领域的创新实践。同时，本书还聚焦会展与文旅产业，揭示首发经济如何与这些领域融合发展，促进流量转化与品牌增值。

本书兼具理论与实战价值，收录30余个本土案例，涵盖政策解读、商业模式、技术应用与资本逻辑，为政府规划新消费布局、企业打造爆款IP、投资者捕捉趋势红利提供了系统性指南，是解码中国商业创新的“新经济图谱”。

图书在版编目（CIP）数据

首发经济 : 重塑商业生态与消费未来 / 徐培军，潘可祎著. -- 北京 : 化学工业出版社，2025. 4. -- ISBN 978-7-122-47629-6

Ⅰ. F126.1

中国国家版本馆CIP数据核字第2025GY0949号

责任编辑：夏明慧　　封面设计：子鹏语衣
责任校对：王鹏飞　　版式设计：溢思视觉设计 E-mail: isstudio@126.com ／程超

出版发行：化学工业出版社（北京市东城区青年湖南街13号　邮政编码100011）
印　　装：三河市双峰印刷装订有限公司
880mm×1230mm　1/32　印张$7^1/_2$　字数134千字
2025年5月北京第1版第1次印刷

购书咨询：010-64518888　　售后服务：010-64518899
网　　址：http://www.cip.com.cn
凡购买本书，如有缺损质量问题，本社销售中心负责调换。

定　　价：59.00元

版权所有　违者必究

前言

首发经济是一系列经济活动的总称，指的是企业采用新技术、发布新产品、提供新服务、推出新业态，或开设首店。从企业运营的维度来看，首发经济涵盖了生命周期中各项具有创新性的经济活动，如产品或服务的首次发布、门店的首次落地开设、研发中心的首次设立等。由此可见，“新”是首发经济的一个重要特征，若要发展首发经济，就必须创新消费场景，提升商业活力，激活潜在消费需求，推动供需动态平衡。

首发经济由首店经济演化而来，但有着更加丰富的内涵。在发展初期，部分国际品牌在中国部分一线城市的核心商业区开设首店，并借此开拓中国市场。由于这种商业模式具有一定的创新性，且市场认可度较高，随着经济的不断发展和商业模式的创新应用，首店不再仅仅是门店的简单落地，而是逐渐成为各大品牌在商业竞争中衡量自身实力、市场开拓能力以及品牌影响力的关键指标。

2020 年，国家发展改革委、中央宣传部、教育部、工业和信息化部等多个部门联合印发《关于促进消费扩容提质加快形成强大国内市场的实施意见》，并在该文件中提出“支持中心城市做强首店经济和首发经济”。与首店经济相比，首发经济在内涵上进一步拓展，涵盖的领域更广，涉及的内容也更多。

首发经济是一种新型经济形态。在发展首发经济的过程中，我国应大力推进供给侧结构性改革工作，激活新消费需求，激发消费潜力，鼓励企业积极发布新产品，推出新业态，打造新模式，提供新服务，开发新技术，开设首店，进一步提高消费选择的丰富性，保证产品和服务的品质，从而优化消费者的消费体验，充分满足消费者的消费需求。除此之外，企业还要借此树立良好的品牌形象，提升市场地位，并成为消费潮流的引领者。

首发经济在产业转型升级方面发挥着重要作用，可以为企业创新发展提供强有力的支持，激发企业的创新活力，让企业更积极地引进各类创新元素，如新技术、新服务、新业态等，从而有效推动产业创新升级。

我国重视首发经济发展的顶层设计，将发展首发经济作为一项重要的经济任务进行部署。2024 年 7 月，党的二十届三中全会审议通过的《中共中央关于进一步全面深化改革、推进中国式现代化的决定》提出了“构建全国统一大市场”，在进行相关部署时特别将“积极推进首发经济”作为重点内容强调。此外，中央经济工作会议也充分肯定了首发经济对全局经济发展的战略价值，号召各地方政府扶持、壮大首发经济，各地政府结合地区实际也出台了一系列政策举措。

上海是全国首发经济发展条件最好、发展速度最快的城市之一，其未来发展将致力于提升城市在全球范围内的知名度，提高城市的要素吸纳与消费支撑能力，打造国际消费增长极。2024年5月，上海发布了《关于进一步促进上海市首发经济高质量发展的若干措施》，其中有7条扶持首发经济发展的关键性举措，包括打造“首发上海”品牌，吸引来自世界各地的高级别品牌首发店入驻，同时提高城市的首发经济配套服务供给能力，打造专业化的首发经济生态服务圈。具体措施包括给予不同级别的首发店铺经济奖励，奖励金额最高可达120万元。

此外，深圳也将首发经济作为带动当地经济发展的商业引擎，政府提供各类服务，优化当地营商环境，建设开放、公平、有秩序的高质量首发经济市场。此外，南京、杭州、重庆、成都等城市也注意到了首发经济的强大势能，纷纷开始布局相应的服务与基础设施，在这些城市的带动下，未来首发经济的发展将有望呈现出以点带面、全国发散的发展势头，对促进我国商业经济的全面繁荣意义重大。

2024年12月，中央经济工作会议将“提振消费”作为次年的重点任务之一，并明确提到“积极发展首发经济”，表明我国在政策层面加大对首发经济的支持。

在政策的指导下，各地将以首发经济为重要基点着力扩大消费需求，鼓励国际国内新品牌与新产品落地，充分发挥首发经济对消费和整体发展的推动作用。在具体措施上，各地将着重强调政策的引导作用，持续推进营商环境建设，从投资、税收、财政等方面入手为首发经济提供优惠和便利，同时针对首发经济制定相关的规范，实行有效的监管，为首发经济营造健康积极的发展环境。

当前，首发经济已在消费、产业发展、城市建设等多个方面展现出重要价值，成为促进我国经济高质量发展的积极因素。依托政策和科技层面的支持，首发经济在未来将得到进一步壮大，凭借高质量的创新产品和服务提升广大人民的生活体验，为经济社会发展作出持续贡献。

本书立足于当前我国经济发展的新形势、新阶段，以“首发经济”为核心主线，不仅阐述了首发经济的核心概念、发展现状、面临挑战及未来走向，还深入探讨了其与首店经济的紧密联系，以及在二次元、谷子、萌宠经济等新兴消费领域的创新实践。同时，本书还聚焦会展与文旅产业，揭示首发经济如何与这些领域融合发展，促进流量转化与品牌增值。全书结合大量典型案例，对首发经济的发展模式和实践路径进行了深度探究，助力我国经济高质量发展。

著者

2025 年 2 月

目 录

第一部分

首发经济：新商业生态的底层逻辑

SHOUFA JINGJI

第 1 章
首发经济：激活经济发展新动能

01　首发经济：引领消费升级新潮流

近些年来，“首发经济”这一名词受到的关注逐渐增多，并在相关政策文件和会议中被多次提及，2020 年 3 月 13 日，国家发展改革委等 23 个部门联合发布《关于促进消费扩容提质加快形成强大国内市场的实施意见》，其中明确提到“支持中心城市做强‘首店经济’和‘首发经济’”。2024 年 7 月，党的二十届三中全会审议通过《中共中央关于进一步全面深化改革、推进中国式现代化的决定》，指出“积极推进首发经济”。2024 年 12 月 11 日至 12 日召开的中央经济工作会议再次提到“积极发展首发经济”。

首店经济是首发经济最开始的表现形式，品牌在一座城市或一片区域开设的首家门店往往会引起高度关注，对经济起到一定的带动作用。上海是最先倡导首店经济的城市，在首店引进方面成果突出，据上海市商务委员会发布的数据，2018年5月至2023年12月上海引进的首店数量达5840家，居于全国首位。在上海之后，国内多座城市纷纷加入发展首店经济的行列中来，通过出台政策鼓励品牌首店落户。

此后，首发经济的内涵逐渐得到扩展，除首家门店外，新产品、新服务、新模式等都可作为首发经济的实现载体，首发经济成长为一种完善而明确的经济形态。

顾名思义，首发经济强调的是首次、首创，核心在于推出全新的事物，以此达到提振消费、促进产业发展的目的。首发经济的核心在于“新”，其本质上是企业通过创新实现相对于现有市场、已有产品的差异化，是一种极具开拓性、超越性的经济形态。具体涉及的经济活动包括新产品的发布、新技术的研发、新服务的推出、新模式的塑造和新业态的形成，覆盖了企业从产品或服务发布、门店开设、研发中心成立、工厂建设到总部形成的全发展周期。

首发经济具有高质量、前沿性、创新性等特点，是顺应消费升级和经济高质量发展趋势的新兴经济形态，一个地区首发经济发展的水平，代表着该地区的营商环境建设水平、市场包容程度、要素吸纳能力、市场支撑能力和综合创新能力。

除了产品的首次发布，首发经济这一概念还涉及更多层面的内容，具体如表1-1所示。

表 1-1　首发经济的概念内涵

概念内涵	具体内容
首次发布	如首次向市场展示新的电子科技产品
首次秀演	如服装周、服装节上展示某一新人设计师的作品，或某一风格概念产品的首秀
首次展出	如艺术展览中首次展示某一件作品
首次开设门店	如某一国际品牌在国内开设第一家品牌专卖店
首次设立研发中心	企业在某一新地区设立研发机构，这意味着该地区在未来将会迎来更多的新产品、新门店甚至会形成一条全新的产业链
设立企业总部	一些跨国公司选择在某一发展潜力巨大的城市设立其区域或全球总部，这意味着该城市后续将承接大量与该企业相关的业务和要素，因此这也属于首发经济的表现形式

综上所述，首发经济的发展具有持续性，是一种顺应消费升级趋势的经济形态，其与市场和消费者有着紧密的关联，重视消费者的主体地位，通过需求的细分和深度挖掘不断拓展市场的价值创造空间，是经济高质量发展的实现路径之一；首发经济具有创新性，通过“首发”实现差异化，能够不断引领整个消费市场向上迭代，从而实现消费升级；首发经济具有扩散性，强调链式发展的全过程，能够通过具有引领性的新技术、新服务迅速实现

区域内的资源整合，最终实现区域内的产业集群，成长为新的经济增长极。

02　核心特征：赋能经济高质量发展

（1）首次亮相的重要性

首发经济着重突出首秀、首次亮相，首次亮相的主角可以是全新的产品、技术、服务，也可以是具备革新性的业态和模式。首次亮相通常带有新鲜感和开创性，很容易成为公众关注的焦点，对于品牌而言意味着绝佳的营销机会。

首次亮相能够起到促进品牌传播、塑造品牌价值的作用，从而对消费者行为产生影响。当自己生活的城市开设了新门店，或是品牌推出新产品和新服务时，消费者的消费欲望和热情会得到很大的激发，由此城市的消费规模得以实现增长，为经济发展注入活力。

就产品层面而言，首发经济表现为新品首发，新品可以是采用最新技术的科技产品，可以是代表颠覆性理念的时尚用品，也可以是功能新颖设计巧妙的各种小商品，它们的共同点在于显著的个性和开创性，同时具有极为优秀的品质。新品能够带给消费者全新的体验，往往会受到消费者的热烈追捧，从而带动消费市场的活跃。

新品首发需要平台的助力，首发平台的质量将在一定程度上决定新品最终取得的成绩。首发平台可分为线上和线下两种，线上平台有电商平台、官方网站、视频网站等，线下平台则主要是商业综合体、商品展会等。就商业综合体而言，许多品牌都会选择位于核心城市核心地带的高端大型商业综合体作为新品的首发平台，比如北京 SKP、上海恒隆广场、广州太古汇等，这些场所人流量大、人均消费力高，且环境优质，拥有较为完善的资源和配套设施，能够为新品发布提供良好的平台基础。

（2）链式发展全过程

首发经济存在完整的发展链条，涵盖研发、生产、销售等各个环节。对于城市经济而言，首发经济链式发展的意义在于全方位促进产业发展建设，不局限于追求新品、新门店等短期热点创造的收益，更为关键的是基于新产品、新模式构建完善的产业生态，打造集研发、展示、宣传、销售于一体的体系架构，提升城市产业发展的整体水平，并对周边区域起到辐射和带动作用。同时，依托首发经济的链式发展全过程，城市能够以首店为基点推进更多门店及区域总部入驻，形成规模化的产业集群。

此外，首发经济的链式发展还能够对城市形象产生积极影响。企业重视首发经济的发展，能够反映出城市开放、进取的心态，表明城市创新发展的意识和决心，增强城市的吸引力和竞争力。

（3）引领性和潮流性

首发经济能够发挥消费市场风向标的作用，为城市和区域发展提供新的催化剂。许多品牌在参与首发经济前已经在消费群体中有着长期深厚的积累，得到消费者的广泛认可和密切关注，因此当品牌开设新门店或是推出新产品时，会立即成为消费者竞相追逐的潮流和热点，引领消费市场的走向。很多时候首发经济吸引消费者不单是依靠门店、产品等有形的事物，更是在文化、理念、生活态度、技术路线等方面获得了来自消费者的认可。

此外，营销推广活动是提升首发经济影响力和关注度的有效手段，常见的形式有发布会、秀场、线上直播等。比如在时尚领域，一年一度的巴黎时装周是全球最受瞩目的时装秀之一，许多知名时尚品牌会利用这一时尚盛会大力宣传自己的新品，让广大时尚爱好者得以通过T台和聚光灯尽情欣赏最新的设计，同时品牌方还会在社交媒体平台进行同步推广，起到提高新品曝光率的效果。

明星代言也是十分常用的营销推广手段，很多品牌方会聘请知名度较高、形象较好的文体明星或各界名人宣传新品，利用名人效应扩大新品影响力，使新品得到更多消费者的认可和信任。其他的新品营销推广活动还包括预售、抽奖、限时限量抢购等，这些活动同样可以使新品首发得到更多消费者的关注，为新品积累热度和人气，促使消费者做出购买行为。

从本质上说，首发经济属于对供给侧的改革，由此能够开拓新的消费空间，寻求新的消费增长点，满足消费者更高层次的消费需求。北京、上海等国内一线城市大力推动首发经济的发展，利用城市影响力鼓励国内外品牌在本地开展首发活动，丰富了消费者的选择，为消费市场增添了新的活力，助力经济高质量发展。

03　演变路径：从首店经济到首发经济

首发经济这一概念的完善经历了较长的发展过程，从最初仅指向首店经济发展为当下包含多个领域、多种经济形式的综合性经济概念，这点与首发经济的发展历程相一致。纵观首发经济从兴起到壮大的整个周期可以发现，首发经济反映了城市经济发展中多个主体的认知与选择，除了企业的市场竞争策略，还有整个城市的整体发展战略。

在未来，随着科技领域的不断革新和社会生活领域的持续进步，首发经济将作为重要的经济形态在全球经济格局中发挥作用。

（1）萌芽期：首店经济的兴起

2005 年左右，受经济全球化的影响，一些知名的国际品牌开始寻求全球扩张，很多品牌将目光投向了消费者规模庞大的中国。为了获得完善的城市设施支撑和消费能力最强的客户群，也为了更好地获得区域市场反馈，这些品牌往往会选择在一线城市的繁华地段开设首个门店，即首店，这形成了最早的首店经济萌芽。

举例来说，作为全球顶尖的科技公司，苹果公司一年一度的秋季新品发布会每次都会吸引全世界消费者的目光，尤其是公司的主力产品iPhone系列手机更是人们关注的焦点，iPhone系列的每款新产品甚至新产品的每一处新功能都会引发无数的讨论，很多用户会在新品刚发布的一瞬间就按下购买选项，由此形成每年固定的消费热潮。

2018年，苹果第一家旗舰店在北京三里屯开业，这是中国大陆第一家旗舰店，标志着苹果这一国际知名电子科技品牌正式入驻中国市场，获得了商业各界和消费者的广泛关注，提升了品牌的知名度和用户触达能力，同时也进一步提高了城市的经济竞争力，实现了城市和品牌的双赢。

（2）发展期：赋能商圈经济发展

2015年以后，随着入驻中国的品牌数量不断增加，在品牌经济的拉动下，首店经济在经济领域的影响力进一步扩大，深圳、杭州、成都等城市逐渐认识到吸引品牌首店入驻、发展首店经济对城市整体经济发展的积极促进作用，纷纷着力推出各种政策如租金补贴、税收优惠等，首店经济发展成为典型的经济现象。

在市场方面，吸引首店入驻成为各个城市购物中心和商业地标竞争的主要内容，首店入驻数量成为衡量商圈等级地位的重要评判指标，在这一过程中，各个商业中心积极完善区域内的品牌服务设施、提升经济服务质量，商业地产进入高水平建设期。

（3）成熟期：从首店经济到首发经济

随着首店经济走向成熟和完善，在其与市场的双向促进作用下，更多的消费需求被挖掘出来，延伸出了多元化的消费场景，首发经济也由最初的“第一家店铺开设”拓展到了新产品和新服务的发布、新作品的展出、新主题服装的展示等多个领域。

除了日常物质消费外，首发经济还涉及了精神领域的首发活动，包括话剧首次公演、电影首次公映、新歌首次发布等，并呈现出类别不断细化、维度更加多元的特点。这种拓展不仅提高了首发经济这一新兴经济形态对消费者需求的全域覆盖能力，同时也为城市经济发展增添了更多增长点，对促进城市商业的繁荣意义重大。

04　生态体系：首发经济的类型与场景

首发经济是符合消费升级趋势的一种经济形态，能够集聚品牌资源、带动产业升级、增强城市商业活力、提高城市竞争力、促进区域经济发展。具体来说，首发经济可分为多种类型，整个首发经济生态体系也包含多个场景。

（1）首发经济的类型

① 产品首发。产品首发指的是企业首次发布新的实物或虚拟商品，其中，实物商品通常包括电子产品、美妆产品、时尚服饰等多种类型，虚拟商品通常包含数字音乐、在线游戏等。一般来说，企业在产品首发时会开展许多市场宣传活动，同时也会开展相应的促销活动，借助大量宣传和优惠促销来提高新产品对消费者的吸引力，以便吸引更多消费者关注和购买。

② 技术首发。技术首发指的是企业首次推出新的硬件技术或软件技术，其中，硬件技术通常为新型芯片、智能设备等，软件技术大多涉及操作系统、应用程序等内容。一般来说，技术首发往往与行业内的技术突破和技术进步密切相关，可以驱动产业升级发展，提高经济发展水平。

③ 品牌首发。品牌首发指的是企业首次推出新品牌。一般来说，品牌首发大多涉及品牌故事、品牌形象和品牌文化等内容，企业可以借助品牌首发来塑造品牌形象，扩大品牌知名度，提升品牌声誉。

④ 服务首发。服务首发指的是企业首次推出新的线上服务或线下服务，其中，线上服务可以是在线教育、远程医疗等服务，线下服务可以是个性化定制、新型零售等服务。一般来说，服务首发可以革新服务模式，为消费者带来全新的消费体验，充分满足消费者的个性化需求。

⑤ 模式首发。模式首发指的是首次推出新模式，一般来说，新模式大致可分为两种类型，一种为全新的商业模式或经营模式，如共享经济、平台经济等；另一种为经过创新和改良的传统模式。模式首发改变了企业的经营方式和盈利模式，可以推动行业变革，促进行业发展。

（2）首发经济的主要场景

① 零售场景。在零售场景中，企业可以通过产品首发来吸引消费者，以便获得更高的产品销量，进一步提升品牌形象，提高品牌知名度。从实际操作上来看，部分国际品牌在进入新市场时会通过开设首店等方式进行产品首发，初步掌握市场情况，以便优化调整后续发展计划。

② 线上场景。在线上场景中，企业可以充分发挥电子商务和互联网的作用，利用线上渠道在传播速度、覆盖范围和互动性等方面的优势，在官方网站、电商平台、社交媒体等线上平台举办产品首发活动，借此达到扩大品牌影响力的目的。在实际操作中，部分科技品牌会通过线上平台开展新品发布会，扩大新品的营销推广范围。

③ 活动场景。在活动场景中，企业会借助主题展览、新品发布会、品牌体验日等多种活动进行新品推广，吸引更多消费者关注和参与，扩大营销范围，优化营销效果，进而达到提升品牌知名度和促进消费者购买的效果。从实际操作上来看，部分时尚品牌在发布新产品时会开展新品发布会、新品展览等活动，借助活动来吸引消费者，增强品牌影响力。

④ 服务场景。在服务场景中，企业可以通过首发的方式来为消费者提供新奇的服务体验，并借此推广各类新的服务或服务模式，如在线试用、远程咨询等线上服务体验，或个性化定制服务、新型零售体验等线下服务体验，从而充分满足各类消费者的个性化需求。

⑤ 跨界场景。在跨界场景中，企业可以通过品牌联名、渠道共享、产品融合等方式与其他行业或品牌展开跨界合作，并在此基础上借助合作方的影响力和资源优势开展首发活动，推广新的产品或品牌，从而进一步扩大品牌影响力，拓展市场。

第 2 章
底层逻辑：首发经济的赋能意义

01 经济层面：引领产业链转型升级

从短期效应来看，首发经济拥有强大的社会号召力与影响力，能够快速吸引社会各界的注意，且首发活动的举办往往伴随着人员的汇聚，这一方面能够帮助品牌实现高效的人群触达，另一方面也能够刺激活动举办地广告营销、餐饮、交通等行业的发展，并形成与之有关的产业链。

从长期影响来看首发经济代表着经济领域的创新因子，能够构建新的产业链，促进区域内的资源整合，从而推动形成城市内新的增长极。此外，通过人群细分与需求挖掘，首发经济能够提高企业对消费者需求的满足深度和覆盖广度，进一步拓展市场空间，能够对消费升级起到积极的促进作用。

首发经济能够对产业创新起到促进作用，有效地带动产业转型升级。打造新品离不开创新，而创新的实现往往需要多个环节的共同作用，包括研发、生产、管理等。首发经济的巨大潜力将赋予企业极大的创新动力，驱动企业在技术、产品、营销、渠道建设等各个方面寻求创新，通过高质量的创新成果增强企业竞争力，提高企业在首发经济中的参与度。在创新发展的氛围下，产业的转型升级得以加速推进，形成完善的新型产业体系。

举例来说，汽车产业涉及极长的上下游产业链，新车的重磅上市不只会引发购车热潮，为车企创造巨量的销售额和利润，还将带动汽车相关产业的全面繁荣，使相关从业者共同受益。新车首发后订单暴增，对于汽车零部件的需求自然也将迅速上升，使得零部件供应商从新车畅销中获取可观收益。

新车首发对汽车销售行业的带动作用也是显而易见的，新车上市后各地经销商门店的进店量和下单量会显著上升，这也将促进店内其他车型汽车的销售，从而大幅增加门店收入，同时为了保证新车的及时交付，企业会推进销售渠道的扩张，由此创造更多的就业岗位。

此外，与汽车相关的贷款、保险、改装、维修保养等产业也将享受到新车上市带来的红利，用车群体的扩大将极大地刺激对上述行业相关产品和服务的需求。总之，一款畅销新车能够创造巨大的经济能量，其带给相关产业的经济增值可达到百亿乃至千亿级别。

汽车行业的示例充分展现了新品首发对经济增长的带动作用，在上下游产业链的传导下，这种影响和作用将是非常广泛和深远的。

首发经济的核心逻辑是通过创新实现相较于当下市场已有产品的差异化，从而为市场注入各种“新”的元素，最终引领整个行业向前发展。例如，数字化技术的出现推动了线上经济的发展，而新的销售模式、销售理念的出现又变革着品牌的产品和服务模式，并促进了跨界互融，这为消费者提供了更多的消费选择，也在潜移默化地推动着消费观念的迭代升级，而这反过来又将促进技术的进步。

产业的集群化发展是首发经济的最终形态，由于其创新性和引领性，首发经济进入一个区域后有较强的扩展能力，由一项新技术、一个新产品最终发展为一条新的产业链、一种新的经济模式，最终交错成为复杂立体的经济网络，形成产业集群，对于拉动区域经济增长、推动区域经济转型升级意义重大。

02 区域层面：重塑城市品牌竞争力

概括来说，首发经济对城市发展的积极意义表现在消费增长与升级、产业建设、城市形象塑造、商业功能强化、国际影响力提升等多个方面，因此国内多个城市都对首发经济给予高度重视和大力支持，并发布相关政策文件以规范和促进首发经济发展，比如北京市发布的《促进首店首发经济高质量发展若干措施》提出为“首店首发”提供资金和政策配套方面的支持，重庆市发布的《支持首店经济发展若干措施》也明确品牌首店可获得现金奖励，奖励具体数额取决于首店的综合评估结果。

首发经济关乎城市的竞争力，推动首发经济发展是塑造城市形象的有效手段。品牌在选择新品首发城市时，会从城市的经济发展水平、居民消费能力、营商环境、文化氛围等方面出发作综合考虑，因此首发经济的发展情况是衡量城市综合竞争力的重要指标，引入“首店”“首秀”有利于提高城市的经济地位、扩大城市影响力，以使城市在经济竞争中进一步建立优势。

上海是我国重要的经济中心城市，也是国内首发经济的先行城市。上海拥有发达的经济和突出的国际影响力，同时本地政府也非常注重首发经济的建设，在以上因素的作用下上海成为众多国内国际品牌新品首发的首选城市。

密集的新品首发活动为上海这座城市的发展注入了活力，极大提升了城市消费的活跃度，有的消费者专程从外地赶来见证新品首发，增加了城市的商业收入和旅游收入。借助互联网等媒介，很多新品首发活动得到了人们的广泛关注，这也展示了上海在创新和商业发展上的积极姿态，给城市形象建设带来了正面效应。首发经济在保持上海城市吸引力方面发挥了重要作用，一定程度上巩固了上海作为国际化大都市的地位。

首发经济能够促进劳动力、资本、技术等要素集聚，以市场需求为导向实现资源的优化配置。比如，可以结合某一地区的区域文化特色、消费人群画像、城市经济开放度等发展不同层级的首发经济，最大化地发挥区域资源优势，保障市场的供求对应。对于地区经济而言，首发经济有着极强的发展带动能力，能够在短时间内汇集大量人群，能够刺激地方经济发展、推动区域资源整合、促进产业集群化。

一方面，首发活动本身具有极大的号召力，能够吸引各界人群聚集到首发活动举办地所在的区域，从而在短时间内产生大量的出行、接待、住宿、饮食、游玩等需求，为当地相关产业提供了丰富的客源，刺激了当地经济的发展。

举例而言，某一城市举办国际服装新品发布会，此时世界各个国家的时尚界、新闻界、服装设计界参会者以及知名明星、模特等都会来到该城市，这将带动城市内的酒店、代驾、餐饮乃至旅游业等需求的扩大，此时上述产业将得到良好的发展，地方经济也将因此增长。

另一方面，首发经济也是城市发展中的一张“经济名片”，某一城市首发经济的发展情况反映着该城市的创新能力、政策环境和市场繁荣情况，而这又决定着城市能否在资源整合、产业集群化发展方面获得优势。

以上海为例，由于其悠久的发展历史、雄厚的经济基础和良好的区位优势，成为各类首发经济的摇篮，国内外各行各业的品牌都选择上海作为首发活动举办地，根据中国发展改革报数据，2018 年 5 月至 2023 年 12 月，在上海举办首发活动的品牌超过了 4500 个，这既为上海商业市场注入了更多的活力，同时也向世界彰显了上海的经济实力，大大提高了其要素吸引力。大量品牌和资本的涌入使其能够更好地整合各类资源，优化资源配置以推动区域内产业的集群化发展，使整个地区的经济结构更加科学、合理。

03　企业层面：驱动产品与服务创新

从企业角度看，首发经济带来了更大的市场空间、更多的蓝海赛道，对于企业建立自身比较优势、实现产品和服务的高端化升级意义重大。

首先，首发经济本身意味着新需求的挖掘与满足，借助首发活动，企业能够率先打造良好的品牌形象，迅速占领用户心智，在新的市场领域内抢占先机。这是因为当企业发布新品或展示新服务时，相对于市场中已有的产品或服务本身就形成了一种差异化，而这种差异化将会在短时间内吸引大量消费者的注意，相当于一次大型的引流活动。

例如，一家设计理念新颖、风格突出的小众服装品牌，可以通过举办新品发布活动吸引各界注意力，借此表现独特的品牌格调、不拘一格的设计理念，并展现产品的穿着效果，快速抓住用户目光，在消费者心中树立起新潮、高品质、前卫的品牌形象，并将消费者由当前的市场引至品牌所在的新市场。此时，品牌在这一赛道内将拥有天然优势。

其次，首发经济的发展推动着整个消费市场的不断进步，驱动企业不断进行内部的技术升级与管理革新，使新产品、新服务不断涌入市场，为新产业链的形成、新产业模式的塑造、新产业格局的构建提供了条件。用户需求的多元化创造了更多的应用场景，而这些应用场景又会拉动企业内部产品和服务的升级，企业在满足这些新应用场景需要的过程中会形成新的产业链和新的产业发展模式。

例如，一些医疗企业在参加首发经济活动时，为了满足当前消费者在就医过程中产生的异地就医、减少等待时间等需求，引入远程问诊、线上挂号、多科室医生共诊等新型就医模式，而这些模式又发展为针对线上就医患者、外地患者的新业态，既实现了企业自身诊治能力的提升，也推动了整个医疗行业的数字化、便民化发展。

首发经济凭借新门店、新产品吸引消费者的关注，提升消费市场的活跃度，促进消费升级。从企业的角度出发，首发经济的积极影响主要体现在创新激励方面。首发活动受到各地政府的大力支持，同时能够创造可观的收益，为企业带来经济和品牌形象上的正面效应。

因此，为获得更多参与首发经济的机会，企业将更加重视创新环节，在此投入大量的时间和资源，从而在技术、产品、服务等各个方面取得更多高质量的创新成果，提升企业的整体竞争力。此外，由首发经济本身的影响力所决定，其能够为企业提供更为充足且更具实时性的市场反馈信息，帮助企业准确洞察市场环境，持续提升创新水平，精准地满足市场需求。

04　消费层面：满足消费者个性化需求

从消费与需求端来看，首发经济能够为消费升级提供重要助力，带动消费规模的增长，提升消费水平和消费质量。在基本的生活需求得到满足后，消费者开始追求更高层次的消费，在实用性和性价比之外关注产品的设计、技术水平、使用体验等，而首发经济能够很好地顺应消费需求的这种变化，强调创新性的新品符合新的消费观念。

举例来说，当前家电行业的首发新品越来越强调科技感和智能化，以适应消费者需求的更新。如今很多消费者已不再将家电仅仅看作一项具备特定用途的工具，而是希望借助家电打造一个优质的家居生活环境，从中获得与过往不同的全新体验。为此，企业在家电新品中融入了多样化的智慧功能，并支持用户按照实际需求对产品进行个性化设置，借此提升用户生活的便捷度和舒适度。

随着消费选择的日益丰富，消费者的需求会得到进一步刺激，产生更多新的消费需求，驱动企业增加创新方面的投入，开发创新表现更加突出的新产品，由此促成良性循环，实现生产和消费的全面升级。

在消费升级趋势的引领下，消费者的消费需求呈现出多元化趋势，对于高品质消费体验的需求进一步增加。首发经济所推出的产品和服务建立在市场需求细分和消费者需求深度挖掘的基础上，具有优质、前卫、精细化的特点，能够不断拓展消费者的认知边界，满足消费者探索新事物、追求新体验的需要。

不同于此前其他的经济模式，首发经济更加突出消费者的主体地位，注重市场和消费者的双向互动，借助“首发性创新”带给消费者颠覆性的消费体验，重塑消费者的消费认知，从而培养出新的消费习惯，促进消费的高端化升级。例如，一些品牌在提供产品和服务的同时还注重情绪价值的提供，在市场交易活动之外注重与用户的情感互动，在交易关系之外与用户形成了更为紧密的引领者和追随者的关系，实现了对品牌与消费者关系的重新定义，小米与“米粉”就是很典型的例子。

首发经济的兴起能够提高市场对消费者需求的满足能力，尤其是在当下人民生活水平提高、消费能力增强的大背景下，首发经济为消费者提供了更加丰富的产品和服务选择，在提升消费者的生活质量、为消费者创造高品质消费体验、增强消费者的满足感和获得感等方面发挥着重要作用，正重塑着旧有的消费模式，掀起一股消费领域的革命浪潮。

对于消费者而言，首发经济的吸引力来自其呈现给消费者的无限可能性，每一种新的消费形式的兴起，都是对消费者认知边界的一次扩展。以电子产品领域为例，各大通信设备制造商在新品发布会上展示的旗舰机型向消费者传递着各种超越性的功能理念和创新思维。消费者在理解产品功能的同时也在思索着自身生活中新的可能、新的变化。每一次品牌推出新品机型后，各大社交平台、电子产品论坛总会聚集大量的消费者探讨产品的参数配置、使用体验以及其功能价值。

同时，首发经济丰富了市场上的产品和服务供给，并推动着产品和服务质量的螺旋式上升，不断提高消费者在商品消费活动中的价值获取能力。企业为了在激烈的市场竞争中保持盈利，会不断通过技术创新和产品服务优化来保持自身的竞争优势。以护肤品行业为例，各个品牌都在不断优化自身的产品配方，丰富产品套系，推出功能更全面的产品，这使得消费者能够享受到具有保湿等多种功能的面霜、具有深度清洁能力的洗面奶、补水效果更显著的面膜等，扩大了消费者的选择范围。从时间维度上看，在不考虑通货膨胀或通货紧缩的情况下，随着时间的推移，消费者花费同样面值的货币所能买到的产品价值是不断递增的。

第3章
首发经济发展现状、挑战与路径

01 我国首发经济的发展现状

当前，在全国市场上，首发经济呈现出良好的发展势头，首发活动的开展数量和其所带来的经济效益都呈现快速上升的趋势，首发经济在国内经济领域的覆盖面也不断扩大，以下是对其当下发展特点的具体分析。

（1）从地域分布角度看首发经济

从地域分布角度看，首发经济呈现出由一线城市向二、三线城市延伸的特点，展现出以高经济势能城市为引领，普通城市积极布局的发展态势。北京、上海、深圳等一线城市，由于其经济基础好、资源整合能力强，成为首发经济发展过程中的“先锋”，成为各品牌新品首发、首店开业等活动的首选城市，其首发市场对全国首发经济起到了一定的辐射带动作用。

当前，我国首发经济在空间分布上呈现出“一超多强”的特点。所谓“一超”是指上海，“多强”则是指北京、深圳、成都等城市。

作为国际大都市，上海在发展首发经济方面拥有得天独厚的优势。在发展资本方面，上海具有极强的要素汇集能力，能够为首发经济的发展提供资本、劳动力和技术方面的支撑；在消费市场方面，根据劳动报数据，2023 年上海市社会消费品零售总额达到了 1.85 万亿元，拥有庞大的消费市场支撑；在经济载体建设方面，南京路步行街、陆家嘴商圈等线下消费中心具有强大的消费者汇聚能力，能够为首发经济活动提供举办场地；在政策环境方面，上海将发展首发经济作为一项长期的经济发展任务，连续发布了多项推动首发经济发展的政策，为首发经济发展提供了安定、公平的外部环境。

在上述因素共同作用下，大量国内外知名品牌在上海布局首店和总部。根据相关统计，2018 年 5 月至 2023 年 12 月，超过 4500 个国际国内品牌在沪举办首发活动，引进品牌首店 5840 家（日均 2.8 家），成为全国首发经济规模最大的城市，全球零售商集聚度居全球第二。

北京作为首都，能够为首发经济的发展提供政策上、资源上和市场上的支持，且城市内本就聚集了一批国内外知名品牌，首发资源丰富，此外其完善的商业设施也为特色首发活动提供了载体。在其独特城市文化的影响下和丰富文化资源的支撑下，以老字号品牌焕新首发和国潮品牌首发为代表的“京味”首发活动大量开展。

深圳凭借自身强劲的科创实力，将目光投向年轻消费者，聚焦于电子科技领域内首发经济的发展，走出了一条科技创新驱动的首发经济发展之路。

成都则凭借其长江上游中心城市的独特区位优势，在推动国际消费城市的过程中着力培育首发经济，引入了一批餐饮、文创领域的知名品牌，各类首发活动与其开放包容、活力时尚的城市氛围相得益彰，形成了首发经济与城市形象建设相互促进的良好局面。

此外，还有很多二、三线城市立足于自身地域文化、经济发展与要素资源特色，探索地方性的首发经济发展模式。比如杭州充分发挥其在电商行业的资源优势，依托良好的互联网产业基础，将线上首发经济作为发展赛道，大大提高了本地品牌的触达范围；重庆市则依托其丰富的旅游资源，将旅游景点作为首发活动载体，打造文旅＋首发经济产业链。通过这种特色路径的探索，各地都在积极培育具有地方印记的首发经济模式，我国首发经济呈现出百花齐放的繁荣局面。

（2）从发展载体角度看首发经济

从发展载体角度看，线上平台和线下商场与首发经济都有良好的适配度，能够适应首发经济不同的触达需要。线下实体商场具备时空一体性，能够为消费者提供真实的产品体验，能够帮助消费者深度认知产品。

在国内的高端购物中心，聚集着各类国内外的知名品牌，各类风格多样、产品特色鲜明的首发活动吸引着消费者们的目光。而线上平台由于打破了时空限制，在首发经济发展过程中同样发挥着重要作用，能够扩大首发经济的触达范围，让那些不在一线城市的消费者也能够收获首发经济带来的高品质消费体验，比如在京东、天猫等平台，每年会定期举办新品发布节，活动期间会有大量新产品上架，对于品牌而言也能吸引到更多的消费者，实现高转化。

随着互联网经济的发展，电商平台成为品牌新品首发平台的主要选项之一。电商平台的优势在于用户规模大，并且能够基于大数据技术帮助企业锁定目标用户群体，借助电商平台，企业得以扩大新品的传播范围，将新品精准地投放给目标用户，从而有效促进新品的销售，同时电商平台还能提供高效便捷的物流服务，确保新品能够尽快到达消费者手中，保障消费者的购物体验。

国内城市时常会举办各类商品的展会，比如汽车领域影响力较大的北京车展、上海车展，消费电子领域的中国国际消费电子博览会，这些专业性展会为企业的新品发布提供了广阔平台。企业可在展会上介绍最新的技术和产品，并与新闻媒体、经销商、消费者等展开沟通，实时获取反馈意见，以首发为切入点做好新品的宣传推广。

02　首发经济面临的主要挑战

（1）政策依赖问题

就目前来看，首发经济的发展情况受政策因素的影响较大。地方政府的支持是首发经济实现高质量发展的重要保障，可以为企业减少成本支出，强化资源支撑，提供良好的发展氛围，但灵活应对市场竞争才是检验企业竞争力和生存能力的关键，若政府不再给予首发经济政策补贴等支持，首发经济的发展将出现较大的不确定性。企业需要充分发挥自身的核心竞争优势，如产品的独特性、运营管理的高效性、强大的品牌影响力等，持续增强自身实力，提高对市场变化的应对能力，以便抢占更多市场份额，获取更多利润。

（2）竞争壁垒难题

首发经济涉及新产品、新业态、新模式、新技术等全新内容，具有新颖性强和独特性强的特点，可以借此吸引消费者、撬动市场。具体来说，部分企业充分发挥大数据、人工智能等新兴技术的作用，打造新业态，如智能选品、无人零售、精准营销等，借助推出新业态的新鲜感吸引消费者，获取更多关注和流量。

但这种模式具有可复制性，也就是说，竞争对手可以模仿借助首发模式成功的企业，推出同类产品或服务，抢夺市场份额，打破首发企业的先发优势。例如，遥望科技将直播电商与线下商场相结合，打造新型商业综合体，并在首发阶段获得大量关注，但后续盈利能力和流量转化情况存在较高的不确定性。为了保证在首发经济领域稳定发展，企业必须持续投入资源进行创新，从技术专利、品牌文化和用户体验等方面入手，建立竞争壁垒，提高竞争者的模仿难度，突出自身的差异化优势和不可替代性，持续强化市场地位。

（3）市场需求局限

首发经济可以为消费者带来多元化、高质量、新颖的产品和服务，满足消费者在新鲜感方面的需求，促进消费升级，但并不是所有的消费者都在追求新鲜事物方面抱有高度热情，因此部分消费者并不会专门为首发产品或服务消费。

从地域上来看，在大城市，许多消费者为高消费群体，消费水平较高，追求高端定制化的生活服务，对首发产品和服务的需求较高，因此新品首发通常可以获得大量关注度和较高的市场份额；在部分三、四线城市，许多消费者的消费能力相对较弱，且大多数消费者更加重视产品的性价比，通常不会购买价格较高但需求度较低的首发产品，导致首发经济发展滞缓。对发展首发经济的企业来说，需要综合考虑不同地区的实际情况，分析不同区域市场的特点和需求差异，灵活调整营销策略，进一步细分市场，以便扩大消费群体，激发首发经济的市场潜力。

03　首发经济发展策略与路径

（1）技术创新引领首发产品

技术创新有助于激发市场活力，推动产业升级。在我国，企业是技术创新的中坚力量，通常会引进国外的各项先进技术，快速推进自主研发工作，并将二者相结合，不断提升产品的特色化和差异化程度，保证首发产品的品质和创新性，同时精准把握消费者在新鲜感和高端品质方面的需求，进一步增强产品的市场竞争力。

例如，智能手机行业是技术创新的主要阵地，许多科技企业不断加大在产品研发方面的投入力度，新产品层出不穷，折叠屏、5G、人工智能等各类新兴技术逐渐被应用到各个产品中，进一步升级技术参数，优化用户体验。

不仅如此，对智能手机行业来说，产品创新可以有效扩大消费者的选择范围，提高产品日常使用的便捷性和趣味性，增强行业发展动能，为产业链各环节的参与者实现协同创新和推动技术迭代提供助力，促进行业发展。

（2）模式创新优化首发流程

模式创新指的是对传统商业模式的重构，主要涉及流程和机制两项内容，可以有效优化资源配置，大幅提高资源配置的高效性，利用有限的资源最大限度地创造价值。

从实际操作上来看，部分企业充分发挥探索精神，对销售模式进行创新，借助“预售＋限时抢购”的新模式来规避市场风险，提升运营效能。具体来说，部分企业采用预售机制，在产品上市前广泛采集并深入分析市场需求信息，根据分析结果预测市场趋势，制定、优化和调整生产计划，进而实现按需定制，达到减少库存积压和防止资源浪费的效果。

企业销售模式的创新大幅提高了自身的盈利能力，同时也在一定程度上优化了消费者和品牌之间的互动关系，借助透明的预售流程和高效的交付体验增强了消费者黏性，获得了更好的口碑和品牌忠诚度，在市场层面为自身未来的发展打下了良好的基础。

(3) 制度创新保障首发环境

制度创新可以促进首发经济健康发展。政府在制度创新过程中发挥着十分重要的主导作用，可以通过出台相关政策和打造良好的营商环境等方式来为企业提供更好的发展条件。

从实际操作上来看，政府可以出台税收优惠、资金支持等政策，在政策和资金方面为企业的创新工作提供支持，降低企业的创新成本和风险，鼓励企业积极开展各项创新工作，加大研发投入力度；也可以制定和实施知识产权保护方案，加大对知识产权的保护力度，严加管控各类侵权行为，维护企业的合法权益；还可以对审批流程进行优化，提高相关部门的服务效率，为企业办事提供方便，降低企业的制度性交易成本，提高企业发展环境的开放性、公平性和透明化程度，进而为首发经济的快速发展提供强有力的支持。

(4) 绿色发展引领首发趋势

近年来，绿色发展理念与首发经济各环节的融合日渐深入，并带动首发产品向绿色、环保、低碳的方向发展。就目前来看，新能源汽车的应用范围越来越大，该产品可以在一定程度上满足消费者在出行方面对环保性的要求，同时也能够驱动整个产业链快速发展，助力汽车产业实现转型升级。除此之外，环保材料逐渐取代传统材料，成为工业领域生产各类产品的重要材料。

绿色技术的发展为首发经济的绿色化转型提供了强有力的支持。具体来说，节能减排、清洁能源开发利用等绿色创新技术和循环经济模式的应用，以及绿色供应链建设在首发经济绿色转型过程中发挥着重要作用，对企业来说，这既有助于减少成本支出，也可以提高资源利用效率，还可以增强首发经济发展的可持续性。

（5）人文关怀提升首发体验

人文关怀可以影响企业的市场竞争力，也可以促进经济社会实现高质量发展。在首发经济领域，企业应明确人的发展需求，不断增强人的能力，提高人的素质，充分满足消费者多元化、个性化的需求，提升消费者的信任水平。

人文关怀主要体现在消费者需求满足能力和消费者反馈重视程度两个方面。具体来说，在消费者需求满足能力方面，企业应在精准把握消费者需求的基础上提高产品和服务的针对性，为消费者提供定制化、个性化的产品和服务，优化消费者的体验，利用产品或服务来增强品牌与消费者的情感连接；在消费者反馈重视程度方面，企业应进一步加强对消费者反馈信息的重视，确立高效、透明的反馈机制，广泛采集并深入分析消费者的反馈信息，据此不断优化产品和服务，确保产品或服务能够充分满足消费者需求。总而言之，企业应以消费者为中心，积极响应市场需求，以便增强首发产品的市场竞争力，提升企业在消费者心中的形象。

04 首发经济发展的未来展望

近年来，我国消费市场规模不断扩大，消费品质日渐提升，消费者对各类新颖、独特、高品质的产品和服务的需求将进一步上涨，吸引更多企业进入首发经济市场，并通过创新产品、业态和模式等方式吸引消费者，抢占市场份额，因此首发经济的发展速度也将进一步提高。以科技领域为例，许多消费者追求各类新技术产品，如折叠屏手机、虚拟现实设备等，为了满足这部分消费者的需求，企业会开展新品首发活动，吸引消费者购买新产品。

不仅如此，我国各级政府部门也已经充分认识到了首发经济的重要性，并陆续出台各项相关政策，从资金奖励、税收优惠、流程简化等多个方面入手，为发展首发经济提供政策支持，鼓励企业举办首发活动、开设首店，以便通过发展首发经济来提升消费能级，推动产业创新，增强城市整体竞争力。以上海为例，上海市出台“首发经济”相关政策，借助政策支持吸引了大量高能级首店落地，并鼓励这些品牌店铺开展首发活动。

与此同时，首发经济的应用场景也逐渐走向多元化和深入化，除线下商圈和展会外，许多品牌开始在线上平台开展首发活动，并将各项首发活动融入文旅、体育、娱乐等产业中，进一步扩大活动影响范围。例如，部分企业选择在旅游景区举办新品发布会，并将当地的民俗文化融入其中；部分企业在体育赛事期间推出新的联名产品。总而言之，首发经济的发展可以有效促进消费升级和产业创新，为各个产业带来更加广阔的发展空间。

展望未来，首发经济的发展前景是值得期待的。消费的持续升级将为首发经济带来源源不断的动力，同时我国经济的高质量发展和科技的持续创新进步将成为首发经济的重要支撑。在未来，首发经济将呈现出以下趋势。

（1）消费需求与数字化技术推动

消费升级意味着消费者需求层次的上升，过去消费者主要关心产品的质量、效用、性价比等基本指标，而如今越来越多的产品凭借其设计风格、文化属性、技术实力等得到消费者的青睐。消费领域呈现出的新需求将驱动企业调整产品策略，推出更具特色和创新性的产品，增强产品的核心竞争力，以求在市场竞争中占据主动。

此外，在信息时代的背景下，线上平台将在首发经济中扮演更为关键的角色，相比于线下首发场所，线上首发平台能够触及更广大的消费者群体，扩大新品首发的影响力。有的品牌方将虚拟现实（VR）和增强现实（AR）技术引入新品首发活动，消费者得以获得身临其境的体验，获得更加真实的产品使用体验，更加深刻地体会产品的特色和创新性。

（2）产业跨界融合创新

首发经济是产业创新的关键引擎，在首发经济的驱动下，各产业将加速推进融合创新，在研发、生产、推广等各个环节开展合作，实现技术和供应链上的互补，开发功能更加全面的新产品。以汽车行业为例，顺应汽车智能化的趋势，越来越多的传统车企与互联网、电子设备等领域的科技企业建立合作关系，共同投入智能网联汽车的开发，比如华为、百度等科技企业为多家车企提供智能驾驶技术。此外，时尚品牌也寻求与环保类企业的跨界融合，共同设计符合绿色发展需求的时尚产品。类似的融合创新活动有助于开拓产业发展空间，对产业升级起到促进作用。

（3）城市竞争与合作促进发展

随着首发经济影响力的不断扩大，未来将有越来越多的城市认识到首发经济对城市发展的积极意义，将其作为增强城市竞争力的关键抓手，借助相关政策引导、支持首发经济的发展。就首发经济而言，不同城市间存在直接的竞争关系，因为新品首发是唯一的，只可能在一座城市“落户”。

与此同时，城市之间也可以针对首发经济开展合作，各地根据自身条件和优势发展特色首发经济，在首发经济大局中扮演适合自己的角色，共同促进全国范围内首发经济的成熟完善，比如以高新技术产业著称的城市可专注于引进电子科技类产品的新品首发活动，历史底蕴深厚的城市可主攻与文化类产品相关的首发经济。

第4章
四首经济：数智化商业生态的构建

01　四首经济：人货场商业新生态

商贸领域的“四首”指的是区域首店、行业首牌、品牌首秀、新品首发。近些年来，我国对“四首经济”给予了高度关注，中央和地方政府采取各项措施鼓励和引导“四首经济”的发展，支持首店经济、首发经济发展壮大。在此背景下，国内多座城市积极从首店、首发、首秀、首展入手寻求城市消费的新发展，更新消费体验，释放消费活力，推动消费转型升级。

“四首经济”是一个完整的发展链路，涉及产品、品牌、展览、门店等各项要素，旨在以创新为驱动实现消费者体验的全面升级，带动供给侧结构性改革的高效高质量推进，为整体经济发展增添新的活力。

“四首经济”不仅是城市消费活力的重要源泉，也是评价城市影响力和竞争力的关键指标，因此各城市充分重视这一新兴业态，将其视为消费市场发展与更新的重要推手。而在“四首经济”的发展中，数字化和智能化技术发挥了关键的赋能作用，能够有效推动消费场景和消费业态的革新，充分激发新型消费潜能，切实提升新型消费的发展质量。

有观点指出销售效果主要受到三个因素的影响，即人（消费者）、货（产品）、场（场景），此即人货场理论。从这一理论出发，可以总结出“四首经济”在促进消费方面的着力点，即汇聚更多的“人”，发布更具创新性的“货”，以及构建营销推广能力更强的“场”。

(1)“四首经济”是“人”的天然流量池

首店、首牌、首秀、首发，强调的都是一个“首”字，“首”意味着前所未有、新颖独特，显示出“四首经济”关注创新的特性，这种创新体现在产品服务、消费场景、商业模式等多个方面，能够为消费者提供全新的消费体验，激发消费者的消费兴趣和意愿，从而起到聚集消费者的作用。

(2)“首牌”“首发”是“货”的首发式

新品首发活动意味着全新产品或服务的推出，这些新品有着突出的创新价值，理念更加先进，智能化程度更高，具备令人眼前一亮的功能和卖点。

新品首发活动能够为消费市场带来多方面的积极影响，凭借高质量、个性化的创新产品更好地满足消费者需求，提升消费者体验，并加强消费活动中的社交互动，加快形成新的消费潮流和趋势，同时这也将极大地促进新技术的推广应用。

行业首牌重在凸显品牌特色，同时需具有一定的创新能力，品牌在很多时候能够决定消费市场的风向，创造新的消费热点，为消费者提供更高层次的购物体验，助力消费者生活品质的提升。就中国品牌而言，近些年来更多的企业商家开始关注精神文化层面，致力于实现消费品与文化底蕴的融合，从设计、宣传等方面入手赋予产品更高的文化价值，这对于彰显文化自信、推进产品全球化具有重要意义。

(3)“首店”“首秀”是天然的展示“场”

品牌首店包括多种内涵，它可以是品牌或企业在特定区域内的首家门店，也可以是已开店品牌或企业开设的全新类型的门店，比如旗舰店、概念店等。作为区域内的新鲜事物，品牌首店往往能够吸引大量消费者的目光，借助全新的门店氛围和高质量的创新产品，带给消费者与过往不同的全新体验，起到激发消费活力的效果。在为品牌首店选址时，企业应着重考察各地在文化和消费层面的特征，确保首店与区域特性相契合。

品牌首秀是新品与消费者的第一次正式见面，是塑造品牌形象、提升品牌影响力的重要手段，品牌首秀的形式通常包括宣传活动、展览等。数字化技术为品牌首秀带来了新的可能性，比如宣传活动可以通过线上直播等方式进行，扩大品牌宣传所触及的范围，而在 AR、VR 等技术的支持下，展览将带给消费者更具沉浸感的体验，使消费者对品牌产生更深的了解。

02 数智驱动：Z世代的消费变革

数字消费是新型消费模式的典型体现，其崛起和发展极大地提升了消费的便捷程度，调动起消费者的消费意愿，在拉动内需方面效果突出，进而促进整体经济的发展。因此，发展“四首经济”应当以数智化技术为关键抓手，充分发挥数智化的赋能作用，引领新时代下的消费变革。

（1）Z 世代的消费需求与特征

数智时代下，消费形式和需求不断更新，而从消费群体的年龄结构来看，出生于 1995～2009 年的“Z 世代”成为消费的主力军。他们生长于互联网时代，对于数字化消费非常熟悉，有着十分强烈的消费意愿，其消费取向具体体现为新潮、高品质、个性化、社交互动等。

二级传播理论认为，大众传播的影响不是直接触及广大受众，而是由意见引领者在中间发挥传播媒介的作用。相较于大众媒体，个人与群众的联系更加密切，接触的频率也更高，因此往往能够对群众消费决策产生更加直接有效的影响。在数智化时代的消费中，Z世代能够很好地扮演意见引领者的角色，凭借自身在消费上的积极性引导消费潮流，将全新的产品、技术引荐给更多的消费者，加速确立新的消费业态。

在消费习惯上，Z世代在购买商品之外还乐于发表有关产品的反馈意见，与品牌方展开交流互动；在消费倾向上，Z世代在实物消费以外更加关注服务消费。以上特征使得Z世代在消费领域具有较强的影响力。

因此，Z世代是数智赋能“四首经济”的重要切入点，需要重视Z世代在数智化时代的消费引领作用，以此推广新消费业态，提高广大消费者对新消费模式的认可度和接受度，扩大新型消费的规模和影响力。

（2）数智驱动下的消费理念变革

在数智驱动下的新型消费时代，消费者的消费理念发生了深刻变革，这种变革体现在以下方面。

首先，消费者产生了新的消费需求，不再单纯看重产品的质量和功用，而是更加关注个性化、创新性、使用体验等多元化指标，试图将品牌作为展现个人价值的载体，追求场景触发式购物，并热衷于围绕消费话题与他人展开沟通对话。

其次，消费者的行为模式有了明显转变，他们倾向于在社交中获取信息，在特定的场景中做出决策，并且对采用数智技术的产品有着浓厚的兴趣，更愿意选择创新型产品。因此，企业需要深入了解消费者的特征和取向，在此基础上做出合理决策，充分发挥数智化技术的赋能作用。

最后，消费者理念的变化在Z世代身上有着集中体现，Z世代自幼便频繁接触信息网络环境，他们的消费观念与倾向与前代人有着明显差异，乐于接受和尝试新鲜事物，思想观念开放、活跃，创新、定制化、多元化是他们对产品的追求，在性价比之外还关注产品的创意、技术实力、设计理念等。此外，中国的很多Z世代消费者奉行自由随性、活在当下的生活理念，并且对自己的生活前景抱有乐观的心态，相信在未来收入会持续上涨，因此他们愿意为自己的兴趣买单，用不菲的价格购买心仪的商品，甚至超出预算也在所不惜。这样的消费习惯使得Z世代成为一个勇于试错的群体，同时这也为产品的创新尝试提供了保障和动力，有助于产品的不断迭代升级。因此，Z世代是推动新型消费持续发展的重要因素。

03　新型消费：实现场景体验创新

近年来，我国积极推进消费模式的创新，打造以电商、移动支付等新业态为支撑的新型消费，在产品中融入5G、物联网、人工智能等先进技术，打造数字化、智能化的新场景，为消费者提供全新消费体验。

2021年，麦肯锡发布了《未来十年塑造中国消费增长的五大趋势》的调查报告，报告指出了中国消费者的一些特征和倾向，包括超前消费、偏向本国品牌、关注数字创新、线上线下渠道结合等。

面对消费模式、消费者需求的变化以及产品与技术的迭代演进，企业应当制定适应性的发展战略，充分利用数智化技术，在新的消费时代保持自身竞争力。

（1）培育新型消费业态，促进供给创新

新型消费的出现是科技进步和消费需求演变的必然结果，能够有效地调动居民的消费积极性，为消费市场注入活力，进而为经济社会发展带来积极影响。具体而言，数字化、互联网服务是新型消费业态的主要特征及实现方式。

培育发展新型消费业态，关键在于供给创新，为消费者提供更加优质的产品和服务。供给创新需要数智驱动，以技术为驱动力实现设备和工艺的更新，为供给侧优化升级提供基础和支持，打造新的消费场景，为消费市场开拓全新空间。

在“四首经济”中，新品首发和行业首牌是新产品的主要载体，两者关注的都是“货”的创新，而在侧重点上稍有差异。新品首发的“货”采用了新的技术，拥有新的卖点和功能，能够为消费者带来全新的使用体验。而行业首牌的“货”则带有更多的人文要素，如地方特色、价值理念等，能够更好地满足消费者精神层面的需求。

(2) 打造消费新场景，优化场景体验

新零售时代下，消费者对于消费场景产生了新的需求。过去的大多数消费场景只是单纯的商品销售场所，同时线上和线下场景相互独立，而如今的消费者期望从消费场景中获得与以往不一样的体验，这种新的场景体验体现为丰富性、个性化、沉浸感、线上线下融合等。新的消费场景是实现消费升级的重要倚仗，并且能够切实提升居民的生活质量和体验。

人工智能、物联网、虚拟现实等技术的进步将不断推进消费场景的智能化，3D 成像、全息互动等场景服务将为消费者带来更具沉浸感的体验，因此场景体验优化成为首店和首秀的重要发展方向。

数智驱动的新消费场景在创新方面拥有极高的潜质，在数智技术的驱动下，首店、首秀的影响力将得到大大提升，为更大的消费者群体所了解和认可，有助于培育新的消费习惯，促进消费的全面升级，这对于“四首经济”的发展壮大有着重要意义。

04 四首经济的数智化转型与策略

近年来，数智技术不断进步，为数智产业的快速发展提供了强有力的技术支持，同时也促进了传统产业的数字化转型。在数智技术的支撑下，首店、首秀、首牌和首发经济创新发展，“四首经济”的竞争力和市场影响力进一步提升，同时也为消费者提供了更好的体验。数智技术的应用是可以促进“四首经济”实现深度整合和创新，激活消费新动能。

（1）区域首店：以数智化转型带动消费体验升级

从实际操作上来看，一方面，应充分发挥大数据、云计算等新兴技术的作用，以数据驱动、技术赋能、服务创新等多种方式打通线上和线下渠道，创新零售模式，通过线上线下一体化运营来提升企业的运营效率和消费者的购物体验；另一方面，应充分利用AI、机器学习等数智化技术分析和管理消费者的各项消费数据，如购物路径、消费偏好等，并根据分析结果向消费者提供精准的个性化推荐和服务，提升用户体验；除此之外，还可以在区域首店和其他各类线下场景中为消费者提供智能导览和互动体验服务，利用AR、VR等虚拟技术构建虚拟化的空间，让消费者可以在该空间中试穿或试用产品，进一步提高购物的便捷性和趣味性，为消费者提供沉浸式、个性化的购物体验，进而激发消费者的消费欲望。

（2）品牌首秀：以数智化创新打造沉浸式体验

元宇宙技术在品牌营销方面发挥着重要作用，企业可以借助元宇宙技术构建物理空间与数字空间融合的元宇宙，借此为消费者提供AR试穿服务，开展虚拟发布会，或打造数字化代言人，增强消费场景的互动性和沉浸感，让消费者可以在虚拟化的数字世界中以更加直观的方式体验新产品和新服务。不仅如此，企业还可以充分发挥自然语言处理、图像生成等生成式AI技术的作用，深入了解消费者和市场的需求，生成高质量、创意化的宣传资料、直播脚本等营销内容，保证营销内容的创新性和吸引力，也可以利用数智技术开发虚拟主播、智能问答机器人等智能互动系统，借此与消费者进行互动，增强消费者的参与感。

(3) 行业首牌：以数智化营销塑造品牌文化体验

对企业来说，既可以通过新媒体平台与其他品牌展开IP合作和内容营销，增加品牌曝光度；也可以通过大数据分析掌握消费者需求，有针对性地为消费者提供个性化的产品、服务，以及精准的推送，进一步提高品牌黏性；还可以采集和分析各地消费者信息，掌握消费者地域偏好，并据此制定本地化品牌营销方案，开发具有地方特色和文化价值的产品，提升品牌的差异化程度。

(4) 新品首发：以数智化设计与生产满足消费新体验

大数据、人工智能等技术在数字化设计与生产过程中的应用，有效增强了企业产品和服务的创新能力与个性化服务能力。从实际操作上来看，企业可以利用计算机辅助设计（Computer Aided Design，CAD）、计算机辅助工程（Computer Aided Engineering，CAE）等软件技术，推动产品设计走向智能化，提高生产效率和产品品质；利用AR、VR等虚拟化技术，改变产品展示和产品体验的方式，让消费者可以直观感受产品或服务，优化消费者的互动体验，从而达到激发消费者购买欲望的效果。

第二部分

首发经济的核心载体：首店经济

SHOUFA JINGJI

第5章
首店经济：重塑城市商业新图景

01 首店经济：消费新业态、新场景

“首店”通常是就某一区域而言的，指知名品牌在该区域内开设的第一家门店，区域的具体范围可以是世界、大洲、国家（或地区）内的特定区域，另外在旧门店基础上全面升级而来的门店也可被视作首店。首店分为多个种类，包括品牌首店、品牌概念店、品牌定制店、品牌旗舰店等。

“首店经济”则是围绕首店形成的经济模式，区域凭借自身条件以及相关的政策吸引品牌首店落户，带动区域内的消费和经济发展。发展首店经济的关键在于品牌特性与区域优势的精准匹配，从而最大限度地发挥首店经济的价值。由首店经济衍生出一系列强调“首次”的经济形态，如围绕首场会展形成的首展经济、围绕首个秀场形成的“首秀经济”等。

近年来，首店经济作为一股新的经济力量在全国范围内掀起了一股“首店引进”的热潮，各地纷纷将吸引首店入驻作为地区招商的重要内容。从发展势能上来看，国内多个一线、二线城市展现出强大的发展活力，其中上海、北京、天津、重庆、杭州 5 个国务院批准培育建设的国际消费中心城市更是将发展首店经济作为提升城市消费影响力的重要路径，此外，南京、成都、武汉、深圳等地也立足于自身特色，探寻首店经济发展的地方性道路。

（1）城市层面

搭乘首店经济的发展快车，近年来上海、北京等地的新品牌及品牌概念店如雨后春笋般纷纷涌现，成为拉动线下实体经济发展的新引擎。随着国际消费中心建设进程的不断推进，京沪城市将形成“首店洼地”，汇聚全国一流的首店资源。

根据壹览商业统计数据，2024 年上半年，新涌现的首店共计 204 家，涵盖零售、餐饮、服装、娱乐等多个业态，其中服装和零售共计 116 家门店，占比 56.86%，服装类最多，共 51 家，占比 25%。从区域分布上看，华东地区仍是首店的主要聚集区，统计时段内落户华东地区的首店共计 119 家，占据开店总量的 58.33%，其中上海吸纳首店数量最多，共落地 71 家，占开店总数的 34.8%；随后是华北地区，共入驻 29 家首店，占据开店总数的 14.22%；位居第三的是西南地区，共落地 21 家首店，占据开店总数的 10.2%。

（2）商圈项目层面

从商圈类型来看，一些对于前沿消费趋势敏感的首店在布局方面往往趋向辐射范围广的核心商圈，以便能够获得较大客流，此类首店包括全球首店、亚洲首店以及国内首店；部分聚焦于年轻消费群体、风格前卫的首店则更喜欢通过集聚行为形成风格化的消费区，此类首店主要以潮牌、运动装和家居等零售店为主；此外，还有部分聚焦特定客户群的首店则喜欢布局在区域商圈，此类首店主要以区域首店、城市首店为主，垂直性较强，主要包括的业态有特色餐饮、创新文体娱乐、主题餐饮等。

较一线城市、新一线城市和强二线城市主要以首店项目聚集度较高的核心商圈为拉动力量，不同的城市因政策、资源禀赋等因素的不同而存在一定差异。此外，区域商圈与新兴商圈正逐渐吸引着越来越多的城市内部首店的目光，成为未来首店扩散的新方向。

随着首店经济的快速发展，城市级商圈逐渐由蓝海转为红海，入驻的首店面临竞争激烈、租金成本高等压力，这些不利因素带来的经营成本上升与城市级商圈人流量大、客群消费能力强等优势因素带来的利润增益近年来呈现出彼此持平的趋势，而区域商圈则因为其超高的人气、高水平营销带来的高获客能力逐渐展露出强劲的竞争力。

（3）品牌层面

① 高级次：此级别首店自带高话题度与高影响力，客户抓取能力强，受到的关注多，其举办的活动对城市其他产业的带动能力强。此外，高级次首店本身还能起到“城市经济发展名片”的作用，其入驻本身就是对城市经济地位和消费影响力的认证，而品牌入驻城市也能够引起城市内消费者的关注以及政府的扶持，实现共赢。当前，上海作为国际性大都市，是首店品牌的第一集中地，品牌首店数量居国内第一。

② 创新力：当前，市场需求的多元化促使品牌纷纷谋求新的发展模式，跨界发展成为其探索路径之一，各个老品牌纷纷采用“旧瓶装新酒”的策略，利用品牌原有影响力揽客，继而将客户引流到新的业务领域，如美国比萨品牌约翰在上海武夷路落地第一家骑行馆，乌苏啤酒在上海静安大悦城新开首家烧烤店。

③ 本地化：首店经济的发展依托于品牌，而品牌的价值与影响力一方面来源于对区域资源的合理利用，另一方面则来自其与文化的结合。因此，要保证首店经济发展的持续性，必须注重其理念和内涵的持续创新，推动品牌的本土化发展。当前，国际品牌和本土品牌作为拉动首店经济的两大马车，正齐头并进快速拉动中国首店经济向前发展。

随着首店经济的持续发展，品牌所开设的首店在类型上也进一步扩展，涵盖主题店、定制店、旗舰店等多种形式，同时首店经济的创新内涵也日益凸显，这种创新体现在产品、服务、商业模式等各个方面，以创新推动消费习惯和消费结构的改变，能够起到创造消费需求的效果。

02 商圈效应：构建城市发展新格局

首店经济对城市发展具有重要意义，作为品牌在城市的首个落户地点，城市商圈与首店之间存在双向的促进关系。从品牌的角度出发，商圈凭借其完善的商业功能和配套设施为首店提供坚实平台，是首店寻求商业成功的重要支撑。对于品牌而言，首店入驻城市商圈应当尽早行动，入场时间越早的品牌通常将得到更多的资源倾斜，在消费群体中建立更为深厚的基础，有助于品牌形象的建立。

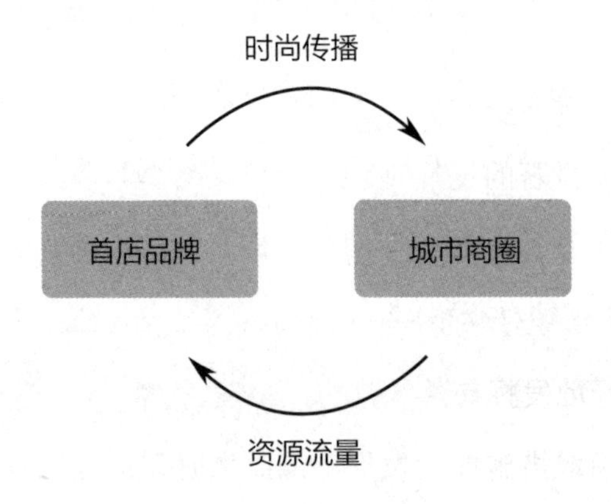

从城市商圈的角度出发，更多国内外知名品牌的加入将进一步提升商圈的影响力和客户吸引力，为商圈带来更广阔的发展机遇，城市应通过基础设施建设、政策支持等方式鼓励更多的首店落户商圈，促进城市的商业发展和城市形象建设。

（1）首店经济有助于提升城市创新力

首店经济的基本特征为“首”，即首次、之前未有，与此相关首店经济的本质体现为“新”，即创新、新颖。首店经济能够凭借全新的产品、服务、经营模式等为消费者带来非同寻常的体验，为城市注入创新活力。在创新的驱动作用下，消费格局将发生积极改变，消费者将不断产生新的消费需求，消费水平和消费层次持续升高，造就需求侧蓬勃旺盛的局面，能够对经济增长起到关键的促进作用。

（2）首店经济有助于增强城市引领力

首店拥有普通门店所无法比拟的辐射和带动作用，以首店为中心能够形成显著的规模效应，通过汇聚各路商业资源打造极具竞争力的商业核心地带，树立城市商业发展新旗帜，提升城市引领力，给城市形象带来正面效应。

为了更好地发挥首店经济对于城市发展的引领作用，国内各大城市积极采取措施推动首店经济的发展。比如重庆市商务委员会于2024年1月3日发布《支持首店经济发展若干措施》，其中包含鼓励发展“首店首发经济”、着力培育“必购必带”品牌等五个部分的共计15条措施。北京市商务局于2024年3月发布了本年度鼓励商业品牌发展首店首发项目的申报指南，提到为满足条件的品牌首店、旗舰店等提供资金支持。在政策的引导和支持下，国内多座城市在首店经济发展方面取得明显进展，新增首店数量持续上升，显示出强大的规模效应，在带动居民消费和推动城市经济发展方面作用显著。

(3) 首店经济有助于塑造城市竞争力

首店经济是评价城市竞争力的重要指标，首店经济的发展情况能够在一定程度上反映城市所处的层次和整体发展水平，以国内的代表性城市北京和上海为例，据2024“上海之夏”国际消费季品质生活节高端品牌会员月活动上的消息，2024年1月至7月上海新开设的首店数量达770家；北京市商务局提供的数据显示，2024年前三季度北京新增各类首店数量达717家，北京和上海发达的首店经济可作为其城市实力的一个侧面印证。

一座城市汇聚了数目可观的品牌首店，表明其拥有健康的营商环境以及较高的经济发展和居民消费水平，同时首店经济的发展也将进一步巩固城市地位，塑造创新、时尚的城市形象，不断增强城市吸引力。

综上，作为一种强调创新的经济形态，首店经济展现出极高的潜力，在推动消费升级、促进产业转型、提升居民生活质量方面具有积极意义，能够作为我国经济社会发展的重要驱动力。

03　数智赋能：首店经济的延伸价值

在数智化时代下，发展首店经济意味着发掘新的发展机遇，也为实体商圈的发展创造了新的可能性。首店经济在数智化时代将呈现出与过去不同的特征。随着互联网技术的不断成熟及应用的日益广泛，城市商圈区位因素的影响力逐渐淡化，品牌商家在发展首发项目时可以不再过多地考虑选址、租金、门店建设、推广活动等问题。

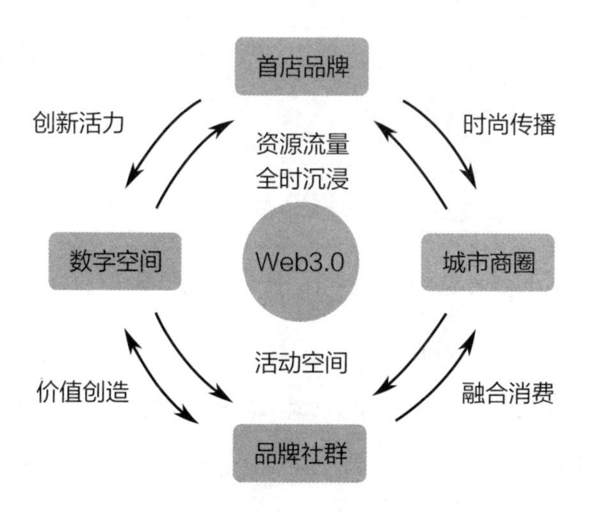

此外，随着数智化时代数字空间的广泛应用，品牌商家也在实体空间之外开拓新的发展空间。数字空间可提供实体产品以及各类数字化的商品和服务，由此挖掘首发经济的延伸价值。

具体而言，数智化时代下首店经济的延伸价值体现在以下五个方面。

(1) 立体化、多样化的形象展示

在传统互联网时代，线上商店的主要载体为以二维平面形式呈现的网页，进入数智化时代后，数字空间的应用使得三维立体化商店成为可能，在AR/VR、人工智能等技术的作用下，消费者得以获得更为真实全面的品牌信息。此外，数智化技术为首店经济带来的另一积极影响在于时空限制的解除，品牌商家可以不必再为区位条件等问题所困扰，更加自由地开设首店，并便捷地调整商店的设计，为消费者提供更加优质的服务，丰富购物体验，以此激发消费者的消费需求。

(2) 沉浸式、互动式的购物体验

在传统互联网时代，线上电商平台中商品的呈现形式仅限于图片和视频，用户借此所能了解到的商品信息是相对有限的。而在数智化时代，AI、大数据、VR/AR等技术的应用则能带给消费者全新的购物体验，能够显著提升消费的便捷性，消费者可如同

身临其境一般感受消费环境以及各种产品，获取到更加全面细致的产品信息，并能够便捷地与品牌商家展开互动。购物体验的优化升级有助于拓宽销售渠道，对产品销售起到促进作用。

(3) 规模化、深入化的宣传推广

不管是首店经济还是由此衍生的首发经济、首秀经济等，都以流量作为重要的价值来源，而宣传推广是最基本也最为常用的流量获取方式。在传统互联网时代，首店的主要宣传推广手段为网红打卡，品牌商家与影响力较大的网红博主达成合作，由博主发布社交媒体内容来达到推广的效果。而在数智化时代，数字空间极大地增加了消费者在首店中的参与度，消费者在数字技术的支持下得以对首店有更加清晰的感知，体验的全面升级使得宣传推广发生了深刻变化，在规模和深度方面提升明显，起到了更好的积累流量的效果。

(4) 个性化、定制化的产品创新

数智化时代重视对用户利益的保护，以此激发用户的创造性，充分发挥用户的价值，消费者的需求将呈现出更为明显的个性化特质，追求符合个人兴趣和偏好的定制化产品，这种需求的转变与首店经济强调的创新相契合。由此出发，品牌商家可发动消费者成为首店经济的直接参与者，基于消费者的个性化需求开展关

于首店和产品的创新活动，在需求的驱动下实现持续创新，推出更多高质量的创新成果，提升产品的整体竞争力，同时消费者的参与将使得其对品牌产生更强的归属感，有助于培育品牌的长期用户群体。

（5）价值化、生态化的品牌社群

数智化时代更加注重价值认同和生态塑造。区块链技术可用于保护用户的数字资产，保障资产价值的实现，从生态入手构建品牌社群。品牌社群围绕成员的共同兴趣而建立，数字化技术和数实空间融合是其技术底座，社群负责品牌的营销推广，致力于扩大品牌的影响力，树立品牌形象，挖掘品牌价值。

04 顶层规划：首店经济的发展路径

通过一个城市首店经济的发展情况，我们能够了解到该城市经济服务的完善程度和经济发展的活跃指数，其中营商环境作为首店经济发展的重要外部因素，是影响品牌落地决策的重要指标之一，因此政府应从规划设计、政策颁布、奖励扶持等多个方面发力，创造良好的营销环境。

提高首店经济的布局速度与发展质量，应从多方面整合现有资源，提高政府的经济服务水平，强化政策供给。尤其是作为首店第一聚集区域的大商圈、购物公司，应找准发力点，从运营角度切入以提高自身的影响力与获客能力，将首店作为盘活线下实体店的重要实现形式，可以借鉴部分地区的发展经验，借助政策支持破除可能存在的市场壁垒，利用快闪店、概念店、上新店等打造多元立体的产品供给结构，夯实首店经济发展的基础。

首店经济以店铺为运营阵地，面向消费者提供高品质的生活服务。在首店经济经营过程中，应抓住、抓紧、抓好运营和品质两条线，既要通过好的营销宣传最大限度地发挥出品牌影响力强的优势，以“新”吸引消费者的目光，又要通过产品和服务的质量补足发展后劲，以质量支撑口碑，以保持长久的发展势头。

因此，在发展首店经济的过程中应讲究一定的策略，做好规划设计，地方有关部门应充分发挥引导作用，积极承担起监管责任，维持好市场秩序，打造良好的首店生态，避免盲目跟随潮流导致无计划地引进，反而造成资源的空耗。此外，品牌自身和商圈运营主体也应加强市场洞察与决策前瞻性，在顺应市场价值规律的基础上合理布局，注重人群细分和品类垂直发展，通过精细化运营提高价值创造能力，从而避免整个产业因高度同质化而丧失发展活力。

此外，首店经济在发展过程中应充分重视创新对产业的引领能力，加强市场分析，以优质的产品和服务承接消费者不断变化的需求，从而在日渐激烈的市场竞争中建立比较优势，在首店经济与城市经济的彼此促进中推动区域经济的高端化发展。

发展首店经济，我国政府应聚焦于以下方面：

（1）聚焦全球首店招商，打造“新品首发示范地”

① 提高地区经济的开放性，整合地区资源，创设良好的首店经济发展环境，加强地区基础设施、营商环境建设，吸引来自全球的时尚消费、低空经济等领域以及潮牌等品牌的首店入驻，并为首展、首发、首秀等活动提供支持。

② 利用城市重大展会平台，加强商业互联，通过举办大型展会、商业交流会等高效吸纳全球优质商业资源，吸引其将当地作为全球新品首发地。

③ 探索新的首店经济发展模式，官方引进、企业合作与网络平台新品发布多管齐下，打造优质的首店经济载体，注重利用高级次首店的经济影响力形成首店集群效应，从而实现品牌首店的百花齐放。用好国内强大的电商平台，引导京东、唯品会、淘宝等本土电商平台与品牌展开合作，打造一批线上首店，助力首店客群辐射能力的提升；线下加强商圈、购物中心等首店实体载体的建设，线上线下联动开启首店新业态。

（2）促进本土品牌创新，增强首店经济内生动力

首店经济的繁荣发展既要考虑“国际化”也要考虑“本土

化”。“国际化”指提高本地市场的开放性，让本地市场吸纳更多国际的优质要素资源；“本土化”指积极培育本土品牌，让本土首店成为国内首店经济的关键参与力量。

① 积极挖掘优质本土品牌，为本土品牌创造良好的发展环境，通过人才培育、政策服务供给、奖励补贴等多种方式提升本土品牌发展首店经济的积极性，将本土品牌首店发展与区域的文化、旅游等产业发展联动起来，为本土品牌提供最优质的资源支持与模式指导。

② 按照跨界融合的思路提高本土品牌对消费者生活的渗透能力，将本土品牌与部分城市公共服务联动，积极探索社区管理＋首店、公园＋首店、图书馆＋首店等新型业态模式，帮助优质的本土小众品牌与新兴品牌找到进入首店经济市场的着力点。

③ 设立本土品牌发展协会和发展基金，加快本土品牌在体育运动、健康医疗、艺术人文、电子科技等新兴领域内的布局，推动高势能品牌的加速培育，形成独特的本土品牌首店经济发展格局。

(3) 持续优化公共服务，厚培首店经济发展土壤

对品牌而言，该城市政策的支撑力度与公共服务供给能力是决定其是否将首店落地该城市的重点考察内容，良好的营商环境是城市首店经济繁荣的重要基础，因此政府必须不断强化经济服

务能力，培育首店经济发展的“肥沃土壤”。

① 提高政府的经济服务效率，以便捷化、精简化、精准化为原则，通过线上平台与线下服务相配合的方式提高相关文件、资质的审核效率；完善相关标准与规则，指定专人负责证照办理、材料提交等方面的“一对一辅导”工作；在保证市场秩序和品牌质量的前提下适当放宽市场准入条件；注重知识产权、注册商标专用权的保护。

② 加强政策供给，出台一系列的扩大内需政策，进一步释放城市内部消费潜力，为首店经济发展提供更多的需求牵引。

③ 通过政府补贴、金融服务的方式为企业提供资金支持，出台相应的减税免税政策，为企业提供认证服务帮助其完成金融产品的申请，为首店经济发展提供良好的金融支撑。

④ 打造高质量商圈为首店经济发展提供良好载体，探索首店与商圈互促发展新模式，加强商圈与首店在经济发展层面的耦合程度，打造“首店街”“首店商场”等商业地标，营造首发活动的热烈氛围，通过多种方式提高首店的关注度与话题度，将核心商圈打造为“首店洼地”。

05 【案例】北京SKP-S的落地实践

北京市的 SKP-S 选址于北京市朝阳区的中央商务区（CBD），

SKP-S的落地实践是实体商场在城市CBD发展首店经济的典型案例。

北京SKP意在通过SKP-S将奢侈品的影响力扩散到年轻消费者群体。SKP-S采用极具科幻和未来色彩的“火星”主题，商场1至3层的各个场景充满了想象气息，如企鹅魔镜、宇宙飞船、时空隧道等。商场的4层为T-10文化艺术空间，在此举办各种时尚前卫的展览活动，包括潮流展、大师展等。SKP-S的整体设计风格主打新潮和奇思妙想，为消费者带来了新颖别致的观赏和购物体验，这种创新设计体现在SKP-S每家品牌店的装饰上。

首店、主题店、概念店是SKP-S的主要特色。多家全球知名的奢侈品品牌在此开设首店，比如GUCCI在国内的首家直营美妆精品体验店以及亚洲范围内的首家首饰店，Dior的全球首家概念店等，同时也有多家潮牌在SKP-S开设国内首家门店，比如美国潮牌J.CRICKET、RICK OWNES等。

此外，定制化也是SKP-S首店模式的又一大特色，许多知名品牌在此开设首家定制店，如瑞士手表品牌Swatch、意大利奢侈运动鞋品牌Golden Goose等，消费者可在此定制自己的专属产品。主题概念店与零售店在定位上存在差异，消费者在主题概念店可以抢先买到品牌推出的限量款商品。另外值得一提的是，SKP-S内设有名为stationS的独立概念空间，以供品牌开设独家概念限时店。

具体来说，北京SKP-S的落地实践对于首店经济的借鉴意义主要体现在以下三个方面。

（1）选址建设

在SKP-S开设首店的品牌中有相当一部分是知名奢侈品牌，品牌类型和层次与国内一线城市CBD的定位功能相契合，与SKP商圈的消费群体相匹配。从这个意义上说，作为平台的SKP-S与入驻的品牌首店之间是相辅相成的关系。就首店的建设而言，SKP-S别具一格的“火星”主题为首店装饰增添了新的元素，提升了首店对年轻消费者的吸引力。

（2）宣传推广

就品牌定位而言，SKP-S与SKP之间并没有太大差异，甚至能称得上相似度极高。SKP-S依靠首店、主题店、概念店招揽顾客，其相当一部分流量来自SKP，同时在首店经济的驱动下，SKP-S的流量持续上升，进一步扩大了消费群体，对SKP商圈的发展起到了推动作用。

（3）产品创新

SKP-S与SKP在产品方面有着明显的差异，与SKP相比，SKP-S的产品突出“新”，消费者总是能够在此找到最新上市的产品，有的产品更是专门选择 SKP-S 作为首发场所，并选用与 SKP-S 相匹配的设计方案。另外，消费者还可在 SKP-S 的定制店中进行产品的 DIY（自己动手做），得到符合自己兴趣和期望的产品。

从 SKP-S 的案例看，首店经济的价值已在实体空间中得到彰显，不过其当前面临的问题和挑战也不容忽视，具体表现在以下方面。

① 时间和空间上的限制条件。就空间层面而言，确定首店的合适选址是让许多品牌方感到困扰的问题，所选的区域不仅要在各方面拥有完备的条件，还要与品牌的调性相契合。就时间层面而言，多数首店都是开设在商场内，而商场有统一的营业时间，因此首店在营业时间上无法根据需要自由安排。

② 宣传推广方面的投入产出比不高。首店的宣传需要花费大量成本，但是很多时候品牌的受众仅限于特定群体，“破圈”难度较大，因此在推广方面的投入往往无法得到相应的回报。

③ 产品与消费者需求不匹配。许多品牌在推出创新产品前并未充分了解消费者的真实需求，只是按照自己的想法和理念开发产品，产品与需求的错位使得首店无法发挥出应有的价值。

第 6 章
【案例】国内首店经济布局与实践

01　北京：打造四大新城级特色商圈

自 2019 年起，北京相继出台了各类扶持首发经济发展的政策，包括《关于鼓励发展商业品牌首店的若干措施》《促进首店首发经济高质量发展若干措施》等，截至 2024 年 7 月，在北京落地的首店已经达到 3700 多家，此外还有 26 家消费类跨国公司总部在北京完成认定。上述措施提升了北京在首发经济领域的影响力，吸引了更多品牌首店在北京集聚。

北京将国际消费中心城市作为建设标准，大力推进经济建设工作，整合国内外市场资源，集成各个高端品牌，重塑消费体系。经开区以世界一流的产业综合新城建设为中心，大力建设四大新城级特色商圈。

- 北部商圈围绕龙玥城推进各项经济建设工作，加速调整业态，积极引进知名商业品牌，充分发挥各大品牌的消费吸引力，并完善相关配套设施，带动周边区域快速发展；
- 西部商圈围绕上海沙龙进一步整合沿线商业资源，明确为居民生活提供更多便利的建设目标，优化消费环境，不断增加人气，增强辐射力；
- 东部商圈围绕地铁亦庄线各车站及周边商业街展开建设工作，完善商务配套，激发商务办公人群的消费潜力，同时加快布局精品商业；
- 南部商圈围绕龙湖北京亦庄天街进一步扩大商业服务空间，提高消费服务的全面性，让消费者在商圈内就可以享受到全方位的消费体验。

朝外大街连通起产业、商业、建筑空间和城市景观，建成新地标“THE BOX 朝外”，吸引了更多消费者。与此同时，革新商业模式，引入本土潮牌、中国设计师品牌和主理人品牌，通过首店首发和策展型零售为消费者提供新体验，增强对消费者的吸引力，顺应首店经济发展趋势，并保持自身的新鲜性以及与周边商圈之间的差异性，吸引更多年轻消费群体。

首店经济为文旅行业带来了新的发展活力，催生出许多新兴消费形态，二者之间的融合进一步扩大了消费空间，为城市建设综合化品牌消费高地提供了强有力的支持，同时也提高了消费体验的多样性，助力城市充分满足不同客群的各种消费体验需求。

在推动首店经济与文旅生活服务融合方面，北京积极引入各类首店，持续提升消费场景和消费体验的丰富性。从实际操作上来看，八宿县充分利用县域文旅资源，开展首届八宿氆氇民族服饰时装秀，将时尚、音乐、走秀等元素与传统文化相结合，并通过抖音等新媒体平台传播，以具有创新性的方式展示以氆氇为原料设计的服装，以现代化的手段传播西藏古老文化，优化游客的消费体验，促进文旅产业与首发经济协同发展。

北京环球影城是我国第一家环球影城，在我国占据首发优势。北京环球影城集成了各大环球影城中的各项热门娱乐设施、景点和演出，可以为消费者提供良好的游玩体验，其中，环球城市大道免费开放，且已依托“首店经济”形成具有一定规模的商圈，同时也可以充分发挥北京作为首都和国际化大都市的聚集优势，带动周边多个行业快速发展，激发消费潜力，在一定程度上促进了我国消费市场升级和消费国际化发展。

概括而言，北京在积极发展首店经济的过程中，主要采取了以下措施：

（1）持续优化营商环境

① 设置首店服务“绿色通道”。用于处理品牌首店入驻的相关

工作，提高了工作效率，加快推进了事务办理进度。

② 协助首店选址落地和宣传推广。商务部门为具有一定选址要求的品牌首店提供选址指导，为开展大型推广会的城市品牌首店企业提供交通、住宿等方面的支持。

③ 从多个方面综合评价首店。引入第三方机构，搭建和完善评价体系，并在此基础上综合评价商业中心及各区县的首店引进情况。

④ 持续提供并优化首店服务。每年都要发布内容明确的品牌首店项目申报指南，为顺利完成首店申报提供支持。

（2）加大财政支持力度

① 在资金方面为首店落地发展提供支持。根据首店规格，为各个行业的首店落地发展提供相应额度的资金支持。

② 为首店引进方提供资金奖励。若首店引进方符合签订年限入驻协议中的各项要求，则可给予一定额度的奖励，最高奖金额度可达10万元/店。

③ 为商业品牌总部发展提供资金方面的支持。若商业品牌总部企业符合一定条件，则可给予一定的资金支持。

（3）打造多元化首店载体

① 突出差异化，找准重点商圈，如西单、金融街、华熙

LIVE·五棵松、中关村等，建设新的城市体验消费场所。

② 突出错位发展，将崇文门、西直门、天宫院等商圈作为消费圈建设的重点对象，充分满足地区综合消费需求。

③ 突出品牌协调性，从首店需求出发，合理调整和改造现有的具有一定代表性的商场。

④ 突出流媒体，充分利用新媒体平台，推广新入驻的品牌首店、旗舰店和创新概念店，提高首店载体的差异化和多元化程度，为不同类型、不同规格的首店品牌带来更高的流量。

02 上海：吸引高能级首店品牌落地

根据上海市商务委员会提供的数据，2024 年 1—7 月，上海市新增首店数量达到 770 家，相较于 2023 年同一时段增长了 16.5%，其中包含 5 家全球首店、4 家亚洲首店和 100 家中国（内地）首店，高能级首店同比增长 26.6%。良好的经济发展生态催生出了更多新模式、新业态，品牌间的联名经营与品牌的跨界经营等模式为市场注入了新的活力，也为消费者提供了更多的消费选择。

上海是一个国际化程度较高的城市，也是国际品牌入驻中国的首选地，许多国内外品牌纷纷在上海进行首店选址，开展首发、首秀活动。例如，始祖鸟博物馆、苹果等多家全球旗舰店选择通过上海进入中国市场，各大美妆品牌在“2024 上海之夏——国际美妆嘉年华”期间陆续推出新品首发、限量新品销售等活动，因此上海的首发经济发展水平遥遥领先。

在静安区南京西路商圈，2000多家知名品牌在此开设店铺，其中，部分店铺为高能级首店和高能级旗舰店，除此之外，部分品牌还在此举办品牌首发、首秀、首展等活动。例如，始祖鸟全球首家以“博物馆”命名的品牌体验店在此开始试营业，苹果在中国大陆地区开设的最大旗舰店也在此开业。

在上海市淮海新天地商圈，既有大量年轻潮流品牌首店和国际顶尖运动品牌全球旗舰店入驻，也有许多首发、首秀活动，各大品牌纷纷以联合招商、制作一站式服务包等方式在此开设首店，并积极开展跨界活动，多个行业互相联动，进一步提高消费能级，增强整个商业街区在全球范围内的影响力。

上海市出台相关政策为高能级首店落地和举办首发、首秀、首展活动提供资金层面的支持，积极建设首发经济专业服务生态圈，深入研究和完善首发经济政策，制定全球顶级商圈建设计划，通过发展首发经济提高城市的消费能级，巩固自身作为全球新品首发地的地位。

上海具有较高的经济发展水平、对外开放度和商业禀赋，能够为首店经济带来较大的流量，且大力支持首店经济发展，这些因素在首店经济发展过程中能够起到不可忽视的促进作用。

（1）政策组合拳：为首店经济发展保驾护航

就目前来看，上海已经发布了多项可支持首店经济发展的政策文件，为首店经济提供了明确的发展方向。具体来说，2018 年，上海市政府新闻办举行市政府新闻发布会，并在会上介绍了《全力打响“上海购物”品牌加快国际消费城市建设三年行动计划（2018—2020 年）》，大力推进国际消费城市建设，打造“上海购物品牌”；2020 年 4 月，上海市政府发布《关于提振消费信心强力释放消费需求的若干措施》，进一步明确了首店标准，并从政策上为首店经济的发展提供财政、品牌保护、通关和政务服务等方面的支持；2019 年，上海市正式对外发布《关于进一步优化供给促进消费增长的实施方案》，提出将上海建设为全球新品首发地，并出台具体政策措施为首店经济的发展提供支持；上海市借助“一照多址”政策简化了首店落地程序，为首店经济的发展提供了方便；上海市发布首发经济评价标准，在资金方面为符合相关标准的品牌首店、首发活动和品牌首展提供支持。

（2）模式创新：打造沉浸式体验场景

政府相关部门出台首发经济消费场景建设方面的相关支持政策，为建设首发经济消费场景提供引导和空间，助力各大品牌企业不断创新消费场景和消费模式。与此同时，各大品牌企业也进一步提升对企业创新、产品创意和消费者需求等内容的关注度，有针对性地开发新的消费模式，近年来，上海多个品牌首店开始采用“首店+沉浸式体验场景”的消费模式，吸引了许多消费者，如上海星巴克烘焙工坊、耐克上海001等。

除此之外，相关政府部门还支持各个商业中心引进体验服务，建设新型消费场景。从实际操作上来看，上海市政府为商业中心的招商工作提供一定的指导，在招商环节提前了解对方有无体验服务，并鼓励商业中心在公共区域开展各项活动，如新品发布会、时尚走秀等，借助这些新型消费场景为消费者提供新奇的体验，进而达到提升消费能级和品牌影响力的效果。

(3) 数字协同：线上线下“梦幻联动”

上海充分发挥时装周和国际车展等推广平台的作用，将首店经济融入展场、秀场、商场和云平台当中，创新消费方式，为消费者提供体验消费服务，利用首发带动整个首店经济产业链的快速发展。

各大品牌商家广泛采集消费者行为数据，并利用大数据分析技术对这些数据进行分析，借此掌握消费者的偏好、习惯、规律等信息，并据此动态优化调整经营方式，同时大力推动线上线下一体化，让消费者可以根据自身需求选择通过线上或线下购物，提升消费者的体验。

2023上海创意推出包含大量代表性品牌店的“品牌首店地图”，以数字化的方式向消费者展示上海的各类首店，为消费者了解首店和进入首店消费提供了方便。

03 成都：西南首店经济的创新标杆

《2023年度成都首入品牌研究》介绍了2023年成都消费市场的首店落地情况，受消费市场回温影响，整个成都市场在2023年迸发出较大的消费活力，为首店经济的迅速发展创造了良好的条件，共计813家首店入驻当地，创近五年来成都首店入驻数量之最，居全国首店数量第三位。

从首店层级看，2023年新入驻的首店主要以成都首店和西南首店为主，数量分别为578家和166家；其次是层级更高的西部首店和中国首店，数量分别为24家和43家；全球首店和亚洲首店的入驻数量相对较少，共计2家。从品牌来看，国际品牌占比12.2%，共计99家。从业态分布上看，餐饮业、零售业、休闲娱乐以及生活配套业态是这些首店主要的业态集中领域，数量分别是436家、252家和125家，占比分别为53.6%、31.0%和15.4%。

成都正充分发挥地域文化优势，激发消费活力，从时尚、餐饮、文创等多个行业入手，加快首发经济布局速度，力图将成都建设成国际消费中心城市。从实际发展情况上来看，成都商业市场新增多家首店，其中，潮牌首店在零售行业展现出了良好的发展态势，“UICE”“化学少女”等品牌将区域首店开设到COSMO成都，除此之外，Miracle Coffee等具有名人效应的餐饮品牌也在成都开设首店，这些处于不同行业的首店可以有效融入成都的城市氛围，充分满足各类消费者的消费需求。

各大品牌都十分重视与生活场景、地域文化的融合。例如，祠堂街不仅仅是具有文化属性的古建筑，也是汇集多家首店的艺术商业社区，包含众多国内外品牌，可以充分满足消费者日渐多样化的消费需求，同时也能够在一定程度上推广本土品牌，有效激发消费活力和发展潜力；东郊记忆不仅是承载记忆的老厂房，也是集潮牌、商业、演艺空间和设计于一体的现代化街区，集成了许多全国首店和西南首店，可以吸引大量消费者。

为了进一步发挥首店经济在拉动经济发展方面的优势，成都市政府主要采取了以下几方面的措施促进首店经济的繁荣。

（1）赋能城市建设发展

① 推动首店经济和线下实体经济有机融合，将商业综合体打造为首店载体。借助成都环球中心、春熙路、万象城、奥特莱斯等多家地标性商圈和商业体，打造“首店经济试验场”，从政策层面为品牌首店入驻、新品首发等创造便利条件，加快培育首店经济新业态、新模式。

② 将首店经济发展与公共服务相结合，探索新的发展模式，提高首店经济对消费者生活的渗透能力，2019 年开创性地发布《成都市公园商业项目机会清单》，提出“首店经济 + 公园”的新思路。

③ 将首店纳入城市整体发展规划之中，将发展首店经济作为旧城改造的重要路径之一。在城市改造过程中设置首店聚集中心，打造“首店商场”“首店商业街”，将改造升级后的商业体和楼宇用于发展首店经济。

(2) 释放首店经济价值

① 打造业内信息流通共享平台。借助信息化技术打造专门的首店经济行业信息库和行业交流平台，以“成都（首店）品牌大数据平台”为例，该平台录入了多家商业载体和商业品牌信息，并提供需求对接、开店咨询、政策解读等服务，能够快速为品牌提供信息化的指导。另外，加强城市承办首发活动的能力，通过话题辅助创建以及提供场地、资金方面的优惠等方式提高城市对品牌活动的参与能力。

② 提高区域经济开放性，将首店经济作为区域参与国内外经济循环的载体，通过举办首店经济发展大会和发布《成都首入品牌研究》报告进行招商，签订各种层级的合作协议，形成有官方力量支撑、具有广泛影响的首店经济交流盛会，这对成都的首店

经济发展起到了良好的促进作用。以近几年的会上招商成果为例，2019 年、2020 年、2021 年现场签约的品牌数量分别为 20 个、51 个和 50 个。

③ 加大品牌宣传力度，打造具有信息传播优势的宣传推广平台。将传统宣传方式与新兴宣传方式相结合，积极整合道路沿线、公共交通站点等市政资源的广告位以及商圈、商场大屏的商业资源宣传城市首店经济政策；借助主流媒体、自媒体以及专业宣传机构等在各类平台制造话题，炒热首店经济发展氛围。

（3）加速国内国际双循环

① 推动国际品牌的本土化。成都立足打造国际消费中心城市的目标，在经济发展过程中不断加强经济基础设施建设，夯实国际化消费市场建设的基础，从而吸纳了大量多元化的国际品牌，并为其适应中国市场提供便利。以 2024 年新落地的全球品牌 CURRY 全球首店为例，其推出的“盘古色”新品运动鞋不仅将中国传统色彩与传说巧妙地融入产品当中，该品牌还积极与腾讯旗下的游戏品牌“王者荣耀”展开联名，展现了积极的本土化融入姿态。

② 加速本土品牌走出去。促进本土品牌发展成为本地首店经济的重要参与力量，并推动其发展成为具有全国乃至全球影响力的高势能品牌，在这个过程中品牌与文化的融合成为一大亮点，

其中作为四川火锅文化代表的海底捞，旗下门店已经突破了 1000 家，覆盖了欧洲、美洲、大洋洲等多个海外地区。

04 西安：构建国际化消费中心城市

作为内陆地区重要的省会城市，西安同样将创建国际消费中心城市作为其发展的重要目标之一，其良好的经济基础为当地首店经济的发展提供了便利。赢商大数据统计结果显示，截至 2024 年上半年，西安新落地首店数量为 153 家，从首店层级来看，全国首店、西北首店、陕西首店、西安首店的数量分别为 5 家、56 家、4 家和 88 家，作为西北消费大城市、重要的文化中心、国潮品牌西部策源地，其竞争优势正逐步凸显。

（1）首店经济对西安城市发展的价值

① 首店经济是提升城市知名度与影响力的重要助推器。一些具有影响力的国际大品牌将西安作为西北首店的入驻地，这能够大幅提高西安的经济影响力，向全国乃至全球送上一份对西安经济建设水平和区域消费能力的“认证书”，进而牵动消费者、从业人士、代言明星等行业相关人员将目光投向西安，尤其是一些首秀、首展等活动的举行，能够在短时间内为西安带来大量客流，进而促进交通、旅游以及服务业的发展。此外，西安本土品牌也

能够搭乘首店经济的顺风车，被更多的消费者发现和关注，此外，本土品牌和国际品牌的交互融合过程也能够拉动本土品牌革新经营管理理念，并为其带去更多的合作机会，进而促进本地市场的繁荣。

② 首店经济是激活城市消费升级的新动能。首店经济本身是一股具有创新性的经济力量，能够对区域经济的发展起到一定的革新作用，往往一个城市首店聚集的区域，其经济发展也是该城市中最具活力和创新能力的部分。当前，在消费升级、线上社交、实体经济焕新等因素的共同影响下，年轻用户群成为首店经济面向的主要客群主体之一，其热衷的打卡分享、线上种草、话题接龙等也为周围的商圈提供了更多的运营思路。首店经济通过打造具有独特性与稀缺性的商业项目、采用线上线下相结合的经营模式，结合富有话题度的活动展示，实现了对消费模式和消费方式的重新定义，同时结合商业区与旧楼盘的改造，打造地标性的首店聚集区，借助首店与多种业态结合的“首店 +”模式，成为西安经济增长的新引擎。

③ 首店经济是城市竞争力和商业魅力的重要标志。城市首店的区域性集聚与发展，能够产生以点带面的经济效果，从而辐射城市内其他关联产业的理念革新、管理升级与模式重塑，对实现全局经济的转型升级意义重大。而全局经济实力的提升必将吸引更多品牌涌入，借助品牌的影响力，城市能够扩大自身的资源吸

纳能力，进而构成城市经济发展的良性循环。在这个过程中，既能进一步拉动内需，释放城市消费潜力，同时也能够在促进就业、优化城市基础服务等方面产生重要意义。

(2) 西安发展首店经济的实践经验

①“首店 + 文旅”，打造全新的消费场景。西安充分发挥自身在历史文化方面的优势，推动首店经济与文旅相结合，改变原有消费生态，为消费者提供更加独特的消费体验。例如，西安整合夜间消费资源，建设大唐不夜城街区、易俗文化街区等夜间文旅消费区，打造全新的消费场景，吸引各大品牌入驻，延长消费链条，为消费者提供多样化、个性化的消费体验，吸引更多消费者，同时也可以借此提升居民夜间文化娱乐生活的丰富性，促进文旅商协同发展；西安举办《赳赳大秦》全国首展，以主题演艺的方式带观众体验大秦王朝的历史和文化，提升消费者的消费体验，增强当地文旅对消费者的吸引力，进一步激发周边商业活动的活力。

② 优化商圈空间布局，提升品牌档次。将首店经济嵌入业态多样化发展的战略经济蓝图之中，实现首店经济与老商圈的共赢。作为西部重要的历史文化名城和消费购物中心，西安以其夜经济享誉国内外，然而在其发展过程中，也出现了商圈发展同质化的问题，如钟楼和小寨商区在功能、定位、运营模式等方面的趋同，

既导致了资源的浪费，也拉低了城市的经济魅力，而通过引入具有稀缺性和差异性的首店，结合不同商圈的位置、文化、客群优势打造差异化的首店经济圈，能够极大地增强城市经济发展的后劲。

③ 引进和培育服务型、创新型首店业态。在布局方面，西安一方面聚焦于量，通过增加首店数量保证城市消费服务的全面性，另一方面则注重引入品牌与城市消费需求的对接，将首店经济作为全局经济发展的重要补充要素，以确保城市经济发展的整体协同性。此外，西安在发展首店经济的过程中还注重地域特色与城市气质的彰显，将历史文化优势在店铺的营销、装修和产品服务方面巧妙释放，从而形成独特的城市经济格调。

④ 搭建城市首店平台，提升服务能力。加强城市招商，鼓励更多优质的品牌资源落地西安，形成链式经济发展模式。首先，加强平台建设，畅通品牌信息收集渠道，提升城市对优质品牌的敏感度，抓住机遇主动引进；其次，将城市文化作为重要元素融入首店经济发展的各个环节，为各类首发活动提供多种形式的支持；最后，要加强规划与管理，结合城市经济发展速度与城市消费需求设置合理的引进计划，同时在科学评估的基础上对现有首店进行管理，并采取一定的激励政策激发其发展积极性。

第三部分

首发经济驱动的新消费：二次元 IP 与谷子经济

SHOUFA JINGJI

第 7 章
谷子经济：引爆二次元消费革命

01　谷子经济：千亿级市场的崛起

“谷子”即“Goods”的音译，“谷子经济”就是一种以年轻人为主力军的消费经济形式，其本质上是游戏、偶像、特摄、漫画、动画等文化 IP 所衍生出的周边产品，具体包括人物角色海报、纪念卡片、人物立牌、动漫手办、娃娃等。谷子经济连接的是人们的精神需求，“取悦自己”是谷子经济的核心，因此这种消费是一种价值观的彰显，受人口老龄化、社会经济下行的直接影响较小，即谷子经济具有“抗跌”的特性。

结合当下市场实际来看，谷子经济发展势头正猛，且发展的持续性较强，后发优势明显。前瞻产业研究院数据显示，2016 年，中国二次元产业规模为 189 亿元，其中周边衍生产业规模为 53 亿元；2023 年，中国二次元产业规模增长至 2219 亿元，其中周边衍生产业规模增长至1023亿元。预计到2029年，中国二次元产业规模有望达到5900亿元，复合增速18%。

（1）谷子经济的价值

二次元IP是谷子经济发展的基础，不同的IP形成各有特色的二次元宇宙，这些二次元宇宙带给其受众群无限的想象空间，塑造了其独特的精神消费理念，也为其带来了多种多样的消费产品选择，包括游戏皮肤、动漫卡牌、偶像立牌、动画徽章等，这些精神消费品与IP形成二次元宇宙共振，在年轻人中间广为流行，同时也提供了除商品本身价值外的多种价值，如表7-1所示。

表7-1　谷子经济的价值

价值维度	具体内容
情感价值	为消费者提供连接二次元偶像与现实世界的载体，引起消费者的精神共鸣，成为消费者的精神寄托
社交价值	在各类二次元IP所引领的文化圈层内，谷子产品成为年轻人之间彼此了解、获得身份认同的一种方式，“谷子开箱”“吃谷”成为新的社交内容，谷子产品为年轻人提供了“社交名片”
收藏价值	谷子文化圈内有着自己的一套价值认同体系，一些限量发售的产品本身能够升值，因此可以用作投资和收藏

(2) 谷子经济的三大来源

“谷子”一词来自二次元文化，“谷子经济”主要指二次元周边经济，是 IP 经济的典型代表，通常涉及多个产业领域，如漫画、动画、游戏等。从发展来源上来看，谷子经济主要涉及以下三项内容。

① 历史文化实物的创意产品开发。历史文化遗产是不可替代的宝贵资源，各行各业均可从中获取灵感，借此增强自身的创造力，开发各类创意产品。例如，故宫博物院将文物元素融入各类现代生活用品当中，开发出朝珠耳机、故宫日历等多种兼具历史韵味、文化底蕴以及实用性和美观性的产品，既赋予了传统文物全新的生命力，也满足了人们的文化消费需求。

② 虚拟文化创意形象的产品开发。近年来，我国动漫游戏产业飞速发展，虚拟文化创意形象逐渐成为谷子经济的重要组成部分。例如，动漫行业对经典神话故事进行改编，推出《西游记之大圣归来》《哪吒之魔童闹海》等诸多动漫作品，为大圣和哪吒等角色塑造了新的动漫形象，并衍生开发出各类创意产品，为经典神话故事 IP 提供了新的消费形态，驱动了基于虚拟形象的文化产业的快速发展，同时也促进了周边衍生产品市场的繁荣。

③ 基于盲盒经济的 IP 产品开发。随着二次元文化的普及和 Z 世代消费力的提升，盲盒经济和潮玩行业快速发展，同时也为谷

子经济提供了良好的发展环境。近年来，各类知名IP陆续进入盲盒市场，基于IP开发各类盲盒产品，这类产品不仅可以在一定程度上激发IP生命力，扩大IP传播的广度，还可以为消费者带来更大的惊喜，提升消费者的消费欲和探索欲，吸引消费者重复购买。

谷子消费的本质在于“取悦自己”。随着00后、10后等年轻一代成长为消费者市场的主力军，消费观念的变革使得这一群体在消费过程中不再追求单一的商品使用价值，而是对消费品有了彰显个人精神、获取身份认同、寄托精神情感、排解压力等方面的期待，这一点在二次元潮流消费中有着尤为明显的表现。在年轻消费群体的带动下，二次元潮流消费对人们生活与社交的渗透度不断加深。

02　二次元文化：引领消费新潮流

年轻一代在消费方面更加重视个性化和情感化，这些消费者对情绪价值的追求推动了谷子经济快速发展，并催生出各类二次元商业体。与此同时，随着国创IP的热度不断升高，国谷（国创周边）产业快速发展，推动二次元商业发展，未来，二次元商业将成为新的消费潮流。

（1）二次元的文化特征

二次元一词来源于日语，意为“二维”，现在通常指在二维平面中呈现的动画、游戏等作品中的角色。具体来说，二次元主要有以下几个文化特征。

① 幻想与架空世界：二次元作品构建出了架空的平面世界，并为之设定了相应的世界规则，添加了符合剧情需要的地理环境、社会规则、魔法、科技等元素，让观众和玩家可以逃离现实，进入梦想世界当中，获得更多新奇的视觉体验。

② 在角色设定方面，二次元角色大多拥有独特的外貌、性格和能力，能够引发观众共鸣，获得更多观众的喜爱。

③ 二次元爱好者可以通过线上论坛、社交媒体、线下漫展等渠道互相交流，表达自身对作品和角色的看法，分享同人作品，或进行角色扮演。以 Comic Market 为例，该同人志展会规模较大，对二次元爱好者有着极强的吸引力，许多二次元爱好者会从世界各地赶到日本参加该活动。

动漫、游戏、漫画等二次元产业的繁荣扩大了二次元内容的传播范围，吸引了越来越多观众进入二次元作品所构建的虚拟世界当中。年轻一代消费者追求个性化、情感化的消费体验，十分重视商品中的情绪价值、情感连接和品位，试图在消费的过程中实现自我表达，获取情感共鸣，而一些仅注重实用性的传统商品已经无法满足这些消费者的消费需求。

谷子是由动漫、游戏、漫画、偶像、特摄等版权作品衍生出的周边产品，具有独特的文化内涵，对二次元爱好者有着强大的吸引力。对二次元爱好者来说，既可以通过将谷子别在衣服、箱包上等方式来展示自身喜爱的作品和角色，也可以通过谷子与同好进行交流。与此同时，这类人群对谷子的喜爱和消费也促进了谷子文化和谷子经济的快速发展。

（2）我国二次元产业的发展规模

二次元衍生品市场又可进一步细分为软周边和硬周边。其中硬周边主要产品包括手办、模型，其品类特点是兴起更早，市场基础较好，增长稳定；软周边则以“谷子”为核心产品内容，其品类特点为兴起较晚，发展势头好，市场规模扩张速度快，并发展为二次元衍生品市场的主导品类。

从“谷子”的细分品类来看，各品类中份额最大的为“吧唧”（指徽章，英文名为 badge），其次为卡牌，另外还有一些其他细分品类。以米哈游天猫旗舰店为例，其店铺销售榜一、榜二、榜三均被单价在 15 元左右的吧唧产品占据，其销量均超过 10 万。

《2024 年中国二次元产业全景图谱》数据显示，2023 年，中国泛二次元用户规模突破 5 亿人，到 2029 年，中国二次元产业规模将突破 5900 亿元，2024—2029 年的复合年增长率将达到

16.6%。随着二次元文化逐渐被更多的人认识和接受，谷子的用户转化能力将进一步增强，其市场规模将持续扩大。

从增速上看，中国二次元产业增长较快，至 2023 年市场规模已经达到 2219 亿元，在内容生产市场和周边衍生市场两个主要的细分市场中，内容生产市场以 53.9% 的市场份额稳定占据市场主导地位，而周边衍生市场则展现出极大的发展活力，2016—2023 年的市场份额占比从 28.0% 上升至 46.1%，成为拉动整个二次元消费市场的动力马车，前瞻产业研究院数据显示，2023 年—2029 年，二次元产业的复合增长率将达到 18%。

03 商业路径：IP首发与产业转型升级

谷子经济来源于历史文化、虚拟形象和盲盒 IP 开发，谷子经济的繁荣对文创产业和制造业的发展起到了十分重要的促进作用，不仅如此，在文旅、文创和制造业的推动下，谷子经济还可以与城市商业、文化旅游区等互相融合、协同发展，为产业升级转型提供助力。

谷子经济融合了文化创意和实物制造，涉及多个产业领域，既可以创新文化消费体验，也可以增强各个产业的创新活力，助力产业升级转型，在驱动文旅、文创和制造业实现消费升级的过程中发挥着重要作用。

（1）谷子经济的产业化模式

在谷子经济实现产业化的过程中，文旅单位、文创企业和传统制造企业发挥着至关重要的产品开发作用。

① 文旅单位进行实物创意化开发。文旅单位拥有大量文化资源，文旅企业则具有较强的市场洞察能力和创意设计能力，二者之间互相合作，充分发挥自身优势，推动各项文化创意实物化。具体来说，各个旅游景区可以向文创企业授权当地独特的自然风光、历史遗迹和民俗风情等元素，由文创企业对这些元素进行创意化处理，据此开发蕴含景区特色的创意产品，以便利用这些产品吸引游客，增加收入，促进文化传播和发展。

② 文创企业进行 IP 衍生品开发。文创企业主要负责开发 IP 衍生产品以及提高这些产品的多样性和产业化程度，在谷子经济的发展过程中发挥着不可或缺的作用。具体来说，文创企业可以围绕 IP 开发服饰、家居用品、食品、饮料、数码周边等多种产品，将 IP 衍生品渗透进各个生活场景当中，进一步拓宽 IP 的商业价值边界。例如，围绕动漫 IP 推出联名款服装，将动漫风格融入服装产品当中，提升服装产品的时尚性；围绕动漫 IP 推出抱枕、地毯等家居产品，将动漫元素融入家居产品当中，提升家居环境的趣味性和个性化程度。

③ 传统制造企业借助 IP 开发创意产品。传统制造企业拥有成

熟的生产工艺和供应链体系，可以加快创意落地速度，规模化生产各类 IP 衍生品，同时也可以借助谷子经济的繁荣和发展推动产品升级。例如，传统玩具制造企业可以从热度较高的儿童 IP 入手，进一步升级产品线，生产一些具有互动功能和故事剧情的智能玩具，提升产品附加值，通过借助 IP 开发创意产品的方式增强自身的文化创新活力，推动产业实现迭代升级。

（2）谷子经济的场景化开发

谷子经济的发展场景主要包含城市商业、文化旅游和工业旅游，场景化开发也主要与城市商业、文化旅游区和实体企业相关。

① 城市商业综合体打造谷子经济卖场。城市商业综合体可以及时把握谷子经济的潮流趋势，开设潮玩谷子店、谷子经济卖区等商业区域，打造出具有创意性和趣味性的消费空间，为消费者提供创意家居、IP 玩具等商品。具体来说，创意家居通常融合了动漫、插画、艺术流派等文化元素，且兼具实用性和美观性，消费者可以利用这类产品构建出个性化的生活艺术空间；IP 玩具主要包含正版玩偶、限量版玩具、珍藏版玩具等产品，可以吸引各个年龄段的消费者，推动文化消费发展。

② 城市商业与首发经济相结合。2024 年 12 月，我国商务部办公厅、国家发展改革委办公厅、文化和旅游部办公厅、中国人民银行办公厅、市场监管总局办公厅、中国证监会办公厅联合印发

《零售业创新提升工程实施方案》，并在该方案中明确提出“发展首发经济”。首发经济是城市商业升级的重要方向，且与谷子经济之间存在密切关联，可以有效驱动城市商业与谷子经济融合发展。从实际落地情况上来看，位于城市核心商圈的潮玩新店通常拥有各类限量版潮流玩具、纪念性文创产品、科技化的IP衍生智能硬件等商品，在首发时就会吸引大量流量，获得许多媒体、粉丝以及潮流达人的关注，进而为店内新品带来较高的热度，提高商品销量，同时也可以增加城市商业的人流量，甚至引发话题效应。

③ 文化旅游区发展特色商业街区。文化旅游区拥有大量独特的文化资源，可以打造特色商业街区，发售各类基于当地文化的旅游纪念品，为谷子经济的落地发展提供支持。从实际操作上来看，各个特色商业街区需统一规划布局，突出展现当地文化特色，无论是街道景观、店铺装修，还是店员服饰，均需体现地方风情，同时也要为消费者提供独特的体验，使消费者可以沉浸式体验当地文化，刺激消费者购买旅游纪念品，丰富消费者的游玩体验。例如，丽江古城四方街、杭州西湖河坊街等特色商业街区，文化传播和旅游纪念品销售并重，且二者互相融合，为谷子经济的发展提供了参考。

④ 实体企业基于IP开发工业旅游。实体企业掌握着许多工业资源，可以通过将工业资源与IP资源相融合的方式打造工业旅游项目，依托谷子经济开发多样化的IP衍生产品，设置工厂专属购

物区，为游客购买各类商品提供方便，进而增强工业旅游的购物属性，进一步拓宽谷子经济的体验维度。从实际操作上来看，一些影响力强、文化底蕴深厚的企业可以围绕工厂生产线、企业文化展馆和研发中心等场所开设工业旅游线路，为游客提供观光、科普、体验和购物等多样化的服务，丰富游客的游玩体验。

04 【案例】泡泡玛特市值增长的资本逻辑

随着消费观念的进步和消费模式的革新，以谷子经济为代表的新兴经济力量正加速涌入市场，随着体量不断扩大，其影响力逐渐向上扩展至金融领域，在A股市场上形成了新的投资洼地。作为谷子经济中最具规模和影响力的企业，泡泡玛特以其优质的产品与服务，以及具有开创性的商业模式不断创造着市值增长的神话。接下来，本节将聚焦于泡泡玛特的商业运营逻辑，深度分析其如何在短期内搭乘“谷子经济”快车，成为具有强大市场引领力的头部企业。

（1）泡泡玛特近一年的市值增长

结合泡泡玛特自2020年12月11日在香港交易所上线后的整个发展时间线来看，其发展过程并非一帆风顺，但展现出了十足的发展韧性和发展后劲。上线初期，泡泡玛特以突破1000亿港元的市值迅速引起了各方的注意；然而在 2022 年，受到经济大环境的冲击和公司内部改革的影响，其发展进入低谷期，最困难时市值在 200 亿港元以下；至 2024 年，泡泡玛特以超过 330% 的涨幅迅速将市值提升到 1200 亿港元的新高度，再次展现出了其强大的操盘能力与巨大的发展潜力。

（2）市值增长的驱动因素：内在管理

① IP 授权与运营。泡泡玛特的成功首先在于其能够在深度连接市场需求的基础上通过 IP 授权和运营完成资源整合，从而打造出富有竞争力的产品线，犹如一台高水平的“处理器”，一面接受来自市场端的需求，一面聚焦于从 IP 供应端的品牌资源中选取最佳合作伙伴，从而持续推出为消费者所喜爱的产品。例如，与肯德基联名推出的冰雪圣代、晚安薯条等手办，与科颜氏合作为其旗下的金盏花产品定制系列产品公仔，与哈根达斯联名推出合作星座款冰激凌以及与迪士尼合作推出米奇、米妮等为主题的盲盒和手办等。通过这些联名产品，泡泡玛特进一步提高了其消费市场辐射能力，扩大了公司的利润空间。另外，通过孵化 Skullpanda、Dimmo 等自主 IP，泡泡玛特进一步提升了自身的价值创造能力，为公司打造比较优势、实现可持续发展提供了保障。

② 渠道建设和品牌塑造。在营销方面，泡泡玛特采取线上线

下双线布局的策略。一方面，通过打造泡泡玛特官网、入驻天猫旗舰店等方式积极整合线上销售资源，保证产品的触达范围。另一方面，通过在消费能力较强的城市商业区、地标性购物中心等布局直营店，配合线上销售链条形成完善的销售网络，同时为品牌形象建设创造条件。直营店能够通过举办展览、签售会等线下活动吸引消费者到店体验，以直观的产品展示深度占领消费者心智，并借助面对面的服务提升消费者对品牌的好感度，增强用户黏性。

③ 产品创新与多元化。通过不断开发新的产品支线，泡泡玛特形成了丰富的产品生态。在盲盒的基础上，其品类结合市场的需要不断拓展，涵盖了毛绒玩具、手办、积木、卡片、海报等多种形式，能够较全面地覆盖消费者需求。同时泡泡玛特还注重从消费者的体验切入，尽可能地让产品为消费者带来更多参与感与惊喜感，如盲盒既能够让消费者感受到期待与刺激，同时开盲盒的过程又可以满足消费者在仪式感方面的追求，从而让消费者更愿意为之付费。此外，泡泡玛特通过与哈根达斯、肯德基等食品品牌及科颜氏、玫珂菲等美妆品牌展开合作，推出联名产品，进一步补齐了产品品类，提升了品牌对潜力消费者的种草和收割能力。

在企业强大内驱力的作用下，泡泡玛特成为业内绝对的统治者，2024 年再创业绩新高。财报数据显示，2024 年上半年，泡泡玛特的总营收为 45.6 亿元人民币，同比增长 62%，其中内地市场和港澳台市场的营收分别为 32.1 亿元和 13.5 亿元，同比增长分别为 31.5% 和 259.6%。在海外市场中，东南亚市场成为新的业绩增长点，收入同比增长 478.3%。从利润角度来看，2024 年上半年泡泡玛特的净利润为 9.64 亿元，同比增长 102%。这些数据既展示出泡泡玛特强大的价值创造能力，同时也成为投资者坚定选择泡泡玛特的理由。

（3）市值增长的驱动因素：外部市场

① 二次元文化的普及。随着 00 后大规模涌入消费市场，成为新的消费主力，年轻人所追捧的动漫、游戏等二次元文化所关联的二次元产业也逐渐成长为市场中新的主力业态。前瞻产业研究院数据显示，2016—2023 年，中国二次元产业规模复合增长率为 42%，由 189 亿元增长至 2219 亿元，预计 2023—2029 年将继续保持增长状态，二次元产业规模将从 2219 亿元增长至 5900 亿元，复合增长率为 18%。这一数据表明二次元产业作为新的蓝海领域为泡泡玛特等“谷子经济”企业提供了广阔的发展空间和多样的发展机遇。

② 投资者情绪与市场环境。受益于谷子经济概念的兴起，新

的市场趋势促使投资者将该领域的产业作为新的投资目标，泡泡玛特也得以搭乘“谷子经济”顺风车获得大量融资。同时宏观经济整体回升，稳定的经济大环境也为谷子经济市值的增长提供了基础。

第 8 章
商业图谱：谷子经济产业链玩家

01　上游：IP开发与运营环节

谷子经济产业链覆盖 IP 概念提出、IP 设计开发、IP 推广运营、IP 产品制造、IP 产品销售等整个 IP 生命周期。其中，偏上游的 IP 设计运营和下游的 IP 销售在整个 IP 产业链中占据关键地位。

IP 是谷子的价值中心，不同于泡泡玛特等潮玩 IP 前期注重品牌自研和多套系布局（重形象，轻情节），当前外部采购是谷子的主要 IP 来源，领域分布上主要集中于游戏和动漫领域，故事背景完善、世界观成熟、形象立体丰满是此类 IP 的主要特点。从 IP 持有品牌的角度来看，IP 授权收入由保底授权费（除独家授权 IP 外，多按照热度定价）和销售分成（通常不超过 10%）两部分组成。

产品设计开发环节的竞争优势主要通过合理选品建立，所选择的 IP 受众体量越大、与其他 IP 的差异化越明显、IP 基础上二次设计的创意性越强，则所开发的产品越有竞争力。在产品生产方面，仅有少部分公司布局了自己的谷子生产线，多数公司会选择代工公司完成产品制造。从生产利润上看，谷子品类产品多为徽章和卡牌，材料成本低、工艺简单，但由于生产线固定投入、IP固定保底费也属于成本支出，因此毛利率高低主要由IP的市场覆盖能力和销售转化能力决定。

具体而言，IP开发商是开发设计环节的主体，负责IP的概念提出以及动画、漫画、游戏、小说（ACGN，Animation、Comic、Game、Novel的缩写）的设计，是IP的所有者，知名的品牌包括国外的漫威、精灵宝可梦等以及国内的原神等。完成IP设计开发后，开发商授权给运营商、制造商和经销商，让被授权的主体分别完成IP的推广、产品的制造和谷子的销售，最终使谷子触达消费者。

当前，我国国产IP的产出能力不断提高，国产IP文化的规模效应正在加速形成。从具体发展方面来看，国内头部企业仍凭借大热IP在市场中占据统治地位，如网易的《阴阳师》系列，心动互娱的《纸嫁衣》系列等。

近年来，随着国内二次元文化的影响力不断增强，圈层范围不断扩大，大批优秀的国产IP涌现出来，包括影视领域的《庆余年》《三体》，文学领域的《斗罗大陆》《全职高手》以及游戏领域的《黑神话：悟空》等。根据统计机构VG Insights数据，截至

2024 年 11 月，《黑神话：悟空》在 Steam 上的销量已突破 2200 万份，上线三个月收入超 11 亿美元，展现出了国产 IP 国际化的巨大潜力。

如果说 IP 的设计与开发决定了 IP 文化规模的上限，那么 IP 的运营则决定着 IP 文化能否顺利地走向规模化，在这一点上，运营商与 IP 开发商构成了良好的利益共同体关系。知名的 IP 内容运营商有综合内容运营平台如 bilibili、动漫平台如 zzzfun 等。在获得品牌授权后，这些平台在原有 IP 基础上进一步开发二次元商品、虚拟偶像、线下娱乐产品等，进一步提高 IP 在市场上的普及度。

结合发展轨迹来看，我国 IP 开发设计经历了由代理运营到自开发、自运营的过程，这得益于我国 IP 自主开发能力的不断提高，实现了国产 IP 行业从“被授权者”到“授权者”的身份转变，加之 IP 开发者与 IP 运营商之间所形成的双向互利的合作关系，推动了国内 IP 的迅速崛起。以广博股份为例，2019 年起该品牌与手游《阴阳师》展开合作，布局文创产品开发、生产、销售产业链，已经推出的二次元轻周边产品已达到上千种，种类涵盖痛包（一种可以用于装载日常物品，同时在表面有大面积空间用于展示和装饰 ACGN 相关元素的包袋）、徽章和立牌等。与之合作的 IP 包括盗墓笔记、魔道祖师、天官赐福、名侦探柯南等，均属于近年来在亚文化圈层影响很大的热门 IP。

02　中游：IP生产与制造环节

结合整个产业链来看，谷子生产制造环节的业务难度较低，且对整个行业的盈利水平影响较小。从产品类别来看，谷子产品可以分为实体商品和虚拟商品两部分。其中实体商品包括亚克力立牌、cosplay 服装、玩偶、吧唧等，虚拟商品包括游戏皮肤、游戏装备、游戏特权服务等。多数品牌会在 IP 开发阶段选择与专业的动画工作室等合作完成虚拟商品的生产，因此产业链中游中间商实际上主要是实体商品的代工企业。

IP 生产与制造环节的参与者是各个动漫内容公司、平台公司和二次元消费类公司。

（1）动漫内容公司

动漫内容公司的主营业务是动漫制作和运营，可以为发展谷子经济提供 IP 资源，例如，玄机科技推出了《秦时明月》等作品，绘梦动画打造出了《狐妖小红娘》等 IP，除此之外，万代、AKATSUKI、Ensky 等日本企业也属于动漫内容公司，会制作和运营动漫内容。

（2）平台公司

平台公司自身有许多 IP，同时也可以整合其他 IP，因此掌握着大量IP资源，可以据此开发各类IP衍生品，并进行销售，例如网易、阅文等公司。除此之外，bilibili也是国内知名平台公司，既参与IP运营和产品销售，也会举办各类线下活动，进一步扩大谷子文化的传播范围，激发相关爱好者的消费热情。

（3）二次元消费类公司

二次元消费类公司的主营业务是开发和销售各类二次元周边产品，通常会与各个热门IP展开合作，共同推出各类谷子产品，如艾漫、雪叶、谷制源等公司。

从流程上来看，中游企业需要先获取IP授权，再了解IP特点，把握粉丝需求，然后据此设计出吧唧、公仔、立牌、拍立得、镭射票、小卡等各类谷子产品，最后通过线上线下渠道向粉丝销售这些产品，部分中游企业还会举办签售会、主题展览会等线下活动，让粉丝可以进行线下交流，以便进一步提高粉丝的参与感，增强粉丝黏性，促进谷子文化的传播和谷子经济的发展。

03 下游：IP销售与传播环节

在销售渠道方面，经销商仍然是谷子销售的主力渠道，同时谷子零售品牌正在越来越多的区域落地生根。根据卡游招股书，当前经销商在谷子的销售中扮演着重要角色，一方面品牌依靠高覆盖力的经销网络实现广泛的产品触达，截至2023年9月底，卡游在31个省份都布局了经销商网络；另一方面，经销网络能够快速汇聚市场信息，并将销售信息向上传导至品牌，作为产品开发的指导。同时，在销售终端方面，谷子零售品牌正加速崛起，呈现出多元化态势，既包括分布范围广、销售规模小的文具店等散店，又包括潮玩星球等大型连锁零售品牌，此外，名创优品生活集合店和文创文具品牌九木杂物社等都在店内设立了谷子专区。

在产业链布局方面，以卡游和广博股份为代表的多数谷子品牌集中在产业链中游进行布局，即IP基础上的设计和销售环节，从整体上看布局覆盖的链条较短。在盈利模式上，谷子品牌多选择自己搭建供应链网络，连接上游采购IP，随后利用经销网络在目标市场区域大量分销，最终实现盈利，但由于区域覆盖能力和线下获客能力有限，自营门店盈利水平较低，当前行业内各个品牌都将“补链”作为发展的重要战略之一，如卡游在2023年后开始将业务拓展到上游，打造自有IP卡游三国，同时开始自营门店建设。

受品牌布局线下谷子店和传统商场打造“谷子消费中心”的推动，“谷子经济”的线下影响力不断增强，其终端销售发展出多元业态，呈现出更加专业化、精细化的特点。过去谷子的销售面较窄，以线下零售店、文具集合店为主要渠道，而随着谷子经济的壮大，“谷子专卖店”“谷子品牌集合店”在近几年呈现出“遍地开花”的态势。以黑扎咔（HEYZAKKA）、goodslove 为代表的谷子连锁店也展现出强劲的发展活力。而在线下店铺托举下壮大起来的线下谷子经济又将反哺线下商业，为线下商场带来大量客源。

同时，线上经济的兴起为谷子经济的发展提供了更宽广的空间，进一步补齐了谷子所能提供的价值维度，提高了谷子经济的影响势能。尤其是二手线上交易平台的出现，在情绪价值之外赋予了谷子投资价值，实现了谷子的价值循环与价值溢出，从而吸引了更多人成为谷子经济的消费主体。

从谷子的商品特点来看，谷子本身制造成本较低，其价值主要来自其在亚文化圈层中的 IP 符号意义，这种价值不是纯然客观的，而是被其所在的文化圈层中的人们集体主观赋予的，并与市场需求和 IP 影响力相关联，因此在二手交易过程中谷子可能会出现大幅度的升值。

2023 年 1 月，“排球少年”官方抽中的一款麻将周边在闲鱼上最终以 8.3 万元的价格成交，“名侦探柯南”灰原哀的古早绝版吧唧成交价达到了 1 万元，拍卖价格远远超出了谷子本身的材料和工艺价值。正是这种投资属性，进一步壮大了谷子经济的消费群体，促进了谷子经济的发展。

综上，在线下销售店铺与线上交易平台的双重作用下，谷子经济的用户触达面更广，产品的交易类型更加多元，侧面烘托出终端渠道在“谷子经济”产业链中的重要性。

04 首发经济重构的谷子产业的发展优势

由于谷子行业起步时间较短，市场尚未走向集群化发展，头部企业由于其在成本、自主创新能力、经销渠道等方面的优势，能够形成一定的市场壁垒，其市场份额将进一步增加。

（1）成本优势

谷子的成本包括生产加工费和授权费，其中生产加工成本较低，因此授权费在总成本中占据的比例较高，热度不同，价格也存在较大差异，通常冷门IP授权费在50万元左右，热门IP授权费则可达到150万元～200万元。IP的授权是开发商和下游发售商双向选择的过程，发售商的业务基础越好、业务覆盖面越广，则意味着其产品扩散能力越强，也就越容易以更低的价格拿到热门IP的授权，以实现二者的双赢。

（2）产品设计优势

谷子能否受到消费者喜爱，在市场上掀起消费浪潮，除了IP本身的知名度，还取决于发售公司的二创内容质量，二创内容能否满足消费者的产品期待。在这点上，头部公司的优势主要表现在两个方面：

① 头部公司与市场的结合更紧密，积累的市场数据更多，对市场的敏感度更高，因此也就更容易洞察消费者的需求。

② 头部公司拥有更优质的设计师资源，且能够保证绝大多数设计师的作品是接受过市场检验的，对于新公司而言，这两点的积累都需要较长的时间，因此很难在短期内向头部企业发起挑战。例如，腾讯通过与敦煌研究院开展合作，推出了官方数字人伽瑶、打造了数字全真藏经洞，并设计开发出了遇见飞天、遇见神鹿、遇见胡璇等王者荣耀游戏人物皮肤，既取得了销量方面的成功，同时也进一步向消费者展示了敦煌文化。

（3）渠道优势

与消费市场的双向连接能力是头部企业的另一大优势，一方面产品的销售规模取决于品牌的用户触达能力，借助丰富的经销商资源，头部企业能够提高其产品的覆盖能力，从而进一步提升品牌的知名度和影响力；另一方面经销网络能够帮助企业更好地掌握市场需求动态，挖掘潜在需求，实现场景创新。当前，卡游、潮玩星球等头部 IP 品牌都在积极进行线下店铺布局，各类主题店、活动场、快闪店、主题咖啡店的落地正推动谷子经济向着更繁荣的方向发展。

第 9 章
典型案例：谷子经济产业实践

01 国内外二次元实体零售品牌

根据艾媒咨询发布的《2024—2025 年中国谷子经济市场分析报告》，我国谷子经济市场规模呈上升趋势，且增长速度较快，2024 年，我国谷子经济市场规模达 1689 亿元，与 2023 年相比，增长高达 40.63%，谷子经济在我国有着较为庞大的潜在客户，预计到 2029 年，我国谷子经济市场规模将增长至 3000 亿元。

近年来，生活品牌集合店、潮玩品牌店、文创文具店等陆续进入二次元市场，各类二次元线下零售店层出不穷，许多商业体也开始进行二次元改造。目前我国已有多个知名二次元零售品牌开设线下门店，如谷谷逛谷 GUGUGUGU、漫库 Mancool、卡游、IPSTAR| 潮玩星球、暴蒙 BOOM COMIC、谷乐屋 GOODSLOVE、三月兽 March Monster、Kyoko 秋子谷子店、乐漫优谷、多摩万事

屋等，这些品牌可以通过线下门店向消费者提供各类二次元周边产品。

除此之外，社交媒体也是二次元爱好者晒谷、交流以及商家宣传、销售产品的重要平台，二次元爱好者可以通过社交媒体与同好进行交流，展示自身喜爱的谷子，商家也可以通过社交媒体开展营销工作，进行谷子产品销售。

随着我国本土动漫游戏 IP 的崛起，各类基于国产动漫游戏 IP 的周边商品快速发展，并凭借购买周期短、购买便捷、价格低廉等诸多优势获得了许多二次元爱好者的喜爱，不仅如此，我国强大的制造能力也为国谷的发展提供了强有力的支持，进一步加快了市场扩张速度，同时我国的 IP 运营、开发和授权体系日渐完善，为谷子文化的持续发展提供了保障。

在二次元领域，许多周边衍生品来自海外品牌，但同时国内品牌也在快速发展。

（1）海外品牌

① 万代魂。万代魂（TAMASHII NATIONS）是日本万代南梦宫控股公司旗下的子公司。2023 年 1 月，万代魂在上海南京路步行街的百联 ZX 创趣场开设首家海外旗舰店，展示和销售高达、海贼王、火影忍者等多个知名动漫 IP 的周边衍生品。

② MegaHouse。MegaHouse 是万代的全资子公司，主营玩具、

人形手办等产品，在二次元手办领域有着较高的知名度，并在上海百联 ZX 创趣场开设了中国首家旗舰店。

③ Tokyo Otaku Mode。Tokyo Otaku Mode 是日本正统动漫关联商品专营店，在天猫设有海外旗舰店，时常预售各类爆款二次元产品，备受二次元爱好者青睐。

（2）国内品牌

① 潮玩星球。潮玩星球是艾漫动漫旗下的一家潮流 IP 线下新零售品牌，主营各类 IP 衍生品，同时也向消费者提供线下餐饮服务。该品牌有上百家门店，合作 IP 涉及经典动漫、国漫小说和游戏，如柯南、JOJO 的奇妙冒险、鬼灭之刃、非人哉、魔道祖师、原神、江南百景图、恋与制作人等，能够满足许多二次元爱好者的消费需求。

② 三月兽。三月兽是翻翻动漫集团旗下的品牌，也是万代、世嘉、Furyu 等多个海外品牌在中国大陆的代理经销商，主营衍生品销售和开发、海外漫画引进、原创国漫培育等业务。

③ 猫受屋。猫受屋是一家主要经营手办和玩具的电商店铺，主要销售正版手办模型、官方周边等商品。该商家掌握着大量优质消费人群，拥有极高的产品销量和店铺销售额，同时也在不断加快线下布局速度，在上海百联 ZX 创趣场、上海 TPY 中心、武汉 X118、长沙黄兴中心二次元街区等多个商业体中开设线下门店。

④ 漫库 MANCOOL。漫库 MANCOOL 是国内全新的二次元品牌，创立于2019年，且与“三体”“咒术回战”“排球少年”“斗罗大陆”和“间谍过家家”等多个国内外热门 IP 合作，在各个城市开设线下旗舰店，可以为二次元年轻用户提供漫画、小说、手办、毛绒玩具以及谷子周边等多种正版授权 IP 衍生品，同时也十分重视线上平台的经营，在小红书、抖音等多个社交平台进行营销，并获得了大量流量。

02 名创优品：IP战略与全球化布局

谷子经济的迅速发展引领了线下经济新潮流，为百货商场等线下零售业提供了发展升级的新方向。由于谷子经济本身的需求点在于创造架空世界与现实世界的连接，在现实世界中实现对二次元宇宙的复刻，因此其与线下经济有着天然的连接属性，随着谷子经济的影响力不断扩大，越来越多的商场意识到了这一点，通过引入二次元品牌、开展二次元活动打造“谷子店铺”“谷子集市”，受到了广大青年消费者的欢迎。这既为商场提供了新的获客途径，又帮助品牌店实现了精准获客，还为二次元爱好者提供了线下的活动阵地，实现了三者共赢。联商网数据显示，当前国内正在进行二次元消费城市地标建设的一、二线城市超过 20 个，参与范围覆盖了超过 60 个城市核心商圈。

名创优品作为聚焦兴趣消费的线下家居日用品零售商，在近年来的经营中开始关注 IP 产业强大的用户吸取能力，积极通过开展 IP 联名实现消费者整合，提高产品的消费者覆盖面，实现品牌升级。

2023 年公司启动全球品牌升级战略，未来将会把“IP 设计”作为产品的竞争亮点。在 IP 布局方面，公司不断加大与高能级 IP 的合作力度，将公司产品打造为具有情绪价值供给能力的 IP 符号载体，提高产品对消费者心智的占领深度，并积极实施多元化的衍生品开发战略，实现跨界营销。当前，全球范围内与公司建立合作关系的公司超过 150 家，全球十大 IP 授权商中有 6 家都已与其展开合作。

此外，公司通过进军潮玩集合店铺赛道提升自身的市场辐射能力，布局中高端市场。弗若斯特沙利文报告数据显示，2021 年 TOPTOY 的 GMV（Gross Merchandise Volume，商品交易总额）位列中国潮玩市场第七。当前，TOPTOY 开始重视品牌在 IP 领域的自主创新能力，按照 3∶7 的 IP 自研和外采比例实现品牌 IP 与外部 IP 的流量共享，进一步提升品牌在 IP 领域的发展持续性。

从品牌发展策略和运营逻辑来看，IP 资源是名创优品一切价值创造活动的基础，在此前提下，名创优品推出了聚焦于原点人群的 IP 战略，即对现有的 IP 资源进行再开发，生产出一系列的联名产品、衍生周边，以此撬动 IP 粉丝作为初始流量，随后根据人群细分，采取多样化的营销策略进一步扩大用户边界。在这一过程中，品牌将用户需求与反馈作为运营过程中的关注重点，进而提升自身市场洞察力，不断对产品和服务进行纠偏和优化，巩固已有客户群，深度扎根本地市场。

这进一步显示出 IP 资源在市场上的巨大增值能力，但要获得优质 IP 的授权，需要公司在规模、销售网络、供应链等方面具备一定的竞争力，同时还要求品牌具有较强的创新设计能力和产品策划能力。在这些方面，名创优品走在业界前列，依靠其良好的资源基础，名创优品很早便获得了草莓熊、Loopy、宝可梦等大热 IP 的授权，在公司内部高效灵敏的市场对接机制和一流的产品策划与设计能力的支撑下，当前名创优品联名推出的 IP 形象已经超过了 100 个。能够以受众需求为导向设计出贴合原 IP 特点的产品，并在短期内快速上线多 SKU 组合是名创优品的核心竞争力之一。

以超级 IP 联名产品 chiikawa 系列为例，2024 年 3 月 29 日，chiikawa 与名创优品的主题快闪首展在上海静安大悦城亮相，仅仅开售 10 小时销售金额便达到了 268 万元，成为静安大悦城单日销量最高的 IP。相较于宝可梦、草莓熊等经典 IP，chiikawa 的优势在于其更贴近年轻人的生活，在可爱的形象背后隐藏着同当下年轻人一样对生活的迷茫，同时又能够以积极的态度将负面的情绪消解。在进行形象设计时，名创优品配合一定的价值观输出突出了产品这一引起用户共鸣的特点，同时通过推出联名的大众消费品如水杯、帆布包、便利贴等丰富了产品线，使之更贴合当下年轻人重视性价比和为生活细节消费的特点。

从业务布局上看，名创优品将目光投向了全球市场，出海是其业务拓展的重要实现路径。品牌在业务出海前会提前明确当地市场的人群画像、文化与审美偏好以及当下的潮流文化，以便更好地融入当地市场，这也赋予了名创优品超级 IP 的全球设计属性。从运营数据上看，亚洲（中国除外）地区是其主要门店布局区域，门店数量接近 1500 家。2024 年第一季度，亚洲（中国除外）新开门店数量和商品交易总额同样居海外地区之最。

在名创优品众多的亚洲海外区域性市场中，印尼市场规模最大、销售量贡献最多，名创优品在印尼的运营成绩也最突出。从门店数量上看，印尼地区的名创优品门店占名创优品亚洲（中国除外）门店总数的 20% 左右，其中印尼雅加达 Central Park 的旗舰店占地面积达到了 3000 平方米，是名创优品全球最大的门店，也是各个门店中的销量砥柱，这在相应的商品交易总额和销售流水数据上都有体现。

03　百联股份：构建二次元零售商业模式

作为传统百货行业的龙头企业，百联股份注意到电商经济发展背景下线下商场存在的“获客难”问题，积极地谋求转型，其改造经验具有良好的借鉴意义。一方面，企业立足市场变化，自2015年起着重进行上海核心地区的商圈门店改革，打造更便捷、更舒适、更智能的线下消费场景，提高商场的服务质量；另一方面，商场迎合年轻一代的消费观念与消费偏好，打造契合Z世代消费追求的创新型消费场景，以场景承接兴趣、以兴趣驱动消费，推动形成新的商场盈利高地，构建“网红”商业体。

百联ZX创趣场是中国第一座以二次元文化经营为核心的商业体，由华联商厦改造而成，位于上海市黄浦区南京路核心路段。该商业体内汇聚了一批国内外知名的ACGN二次元品牌，包含零售、社交文化体验等多种业态，成为Z世代重要的线下体验中心和活动举行阵地。据相关媒体报道，在此基础上，第二座“百联ZX造趣场”将于2025年在上海悠迈生活广场开始改造建设，从地理位置上看，新项目选址靠近杨浦大学城，与叠纸游戏、bilibili等业务面向年轻群体的文化企业总部相邻。

作为探索新世代的先锋，首家百联ZX创趣场于2023年1月15日在上海南京东路开业，根据WIN商业地产头条数据，截至2024年12月31日，百联ZX创趣场所覆盖的品牌超过40家，其中包括3家全球首店、18家全国首店。根据雷报数据，2024年百联ZX销售额约为4.3亿元，客流同比上升40%。

作为首座次元文化商业体，百联ZX创趣场的成功为百联积累了经验，2024年9月百联次元商业发展平台的成立进一步显示了百联在二次元领域持续发力的决心。通过深度总结创趣场的成功经验，移植其运营逻辑，2024 年 12 月百联 ZX 造趣场正式开业，至此，百联输出二次元生活理念和服务的 2.0 版本正式上线。

同时，为了进一步提升品牌对用户心智的占领能力，便于日后的价值观输出，拓展自有 IP 生产线，百联 ZX 还公布了自有 IP 形象紫曦和宠物埃克斯 X，其中紫曦被设定为深度二次元爱好者，与百联 ZX 所面向的客群重合，更能拉近品牌与受众的距离，将品牌形象具象化。

（1）核心竞争力：精准定位 + 年轻团队

百联 ZX 创趣场的成功离不开其对于市场的和消费者的深度理解，以及在此基础上形成的精准定位。在发现 Z 世代成为消费市场主力、谷子经济兴起后，百联迅速对这些市场信息作出反应，聚焦“二次元文化引领者”这一定位，以多个产品线为载体，以各类首发活动为用，打造国内最具影响力的顶尖二次元商场，根据品牌数据，2024 年百联 ZX 创趣场共计举办活动 700 余次。

而百联 ZX 造趣场在总结创趣场成功经验、分析其客群特点的基础上采用了与创趣场错位经营的理念，以当下年轻人的社交为切入点，打造以二次元兴趣爱好为人群聚集点的兴趣社交中心，使产品和服务进一步深入年轻人的生活。

另外，百联 ZX 造趣场的另一运营亮点在于选用年轻富有活力的团队作为服务的提供者，这些90后、00后员工很多本身就是二次元IP的粉丝，因此在工作中更能释放自身对于二次元文化的热情，也更能够理解用户的需求，在提高服务深度、打造二次元文化氛围等方面更具优势，更容易引起消费者的情感共鸣。

（2）全链路打通：策划型招商+闭环运营

精准切中消费者需求，打造全闭环式运营链路，是百联ZX创趣场在市场上出奇制胜的“关键法宝”。

百联ZX创趣场的所有招商活动都以用户需求为导向，同市场趋势相一致，在此基础上进行招商策划，引进高势能IP品牌，打造“天花板”级别的资源和服务供给链。通过为引入品牌提供策划支持，结合IP特点、受众画像和百联发展战略辅助品牌完成店铺规划、产品落地和活动组织，让品牌IP特点以“百联化”的方式创意呈现，形成创趣场内部完善的服务网络，带给消费者多元化、连续化的惊喜体验。

在运营方面，百联一方面注重提高人员管理和货品管理效能，保证企业与引入品牌沟通的畅通，及时解决内部出现的问题；另一方面注重收集消费者的反馈意见。

（3）用户强连接：消费场景+情感共鸣

随着零售业竞争日益激烈，行业内的商业模式经历了从供给主导到需求主导的转向，消费者成为决定价值创造和价值流动的关键，加之二次元商业本身聚焦于用户的情感体验与价值认同，因此要想获得持续发展，品牌必须开发出多样的消费场景，为用户提供多样化的情感体验并与之建立深层的情感连接。

百联 ZX 创趣场采取多渠道直连用户的方式，开通了公众号、“Meta ZX”小程序、小红书社交平台等多种互动链路，拓展触达边界，同时通过打造数字化游戏场景、组织线下体验活动提升心智占领深度，增加与用户的互动。

在 IP 选择方面，百联采取了覆盖多个用户面的策略，除了引入“原神”“咒术回战”等大热 IP，同时也引入了一些优质的冷门 IP，形成了丰富的产品供给线，并在为冷门 IP 受众创造惊喜感的过程中将其转化为品牌的高黏性用户。

04 《黑神话：悟空》的爆款方法论

2024 年 8 月，由游戏科学工作室开发、以中国神话《西游记》为背景的国产首款大型 3A 游戏《黑神话：悟空》正式上线，凭借精美的场景设计、优质的游戏体验、丰富的中国文化元素，在全球游戏市场引发一场“中国风潮”，成为高质量“文化出海”的又一成功范例。

根据相关数据显示，2024 年全年国产买断制游戏总销售额约为 102.2 亿元人民币，其中游戏科学出品的《黑神话：悟空》位居榜首，销量 2800 万，销售额 90 亿，创下中国买断制游戏历史销量第一，全球年度销量第一。

（1）开创新品类，实现商业突破

长期以来，国内游戏行业主要集中于行业中部，受制于技术、运营模式和企业逐利逻辑等因素难以跻身头部，在画质、体验感以及游戏生态等方面都与国际顶尖游戏存在较大差距。而《黑神话：悟空》作为国内首部 3A 游戏，也为国内游戏产业树立了一座新的里程碑。

《黑神话：悟空》的上线打破了国内游戏“无高峰”的局面，从形式上看，作为单机游戏，其摒除了传统国内手游存在的广告多、氪金多的弊病，极大提高了玩家的游戏体验；同时，其优势还展现在游戏开发、游戏场景制作、游戏音效和价值观引领等多个方面。

① 在游戏开发方面，《黑神话：悟空》的整个开发过程耗资巨大，总投资超过 3 亿元，每小时开发成本达到了 1500 万～2000 万元。得益于高额投资的支撑，游戏在开发过程中使用了较先进的虚幻引擎 5，因此在画面质量、角色建模、光影设计等方面都远超国内游戏，其界面良好的交互性、独特的艺术性使其上线后销量不断攀升，众多投资商也因此纷纷入股。

② 在场景设计方面，《黑神话：悟空》中的场景皆取景自实地，其中不乏云冈石窟、天柱山风景区等5A级景区，创作团队深入全国36个景点考察其古建筑，并通过最先进的建模技术在游戏中再现风采。这一方面提高了游戏质量，保证了游戏场景的逼真度和对故事的还原度；另一方面也赋予了游戏独特的文化符号意义，带动了取景地的旅游业发展。以贡献了游戏中大部分场景素材的山西省为例，游戏发布后，其古朴厚重的景色为大量游客所知晓，当年文旅订单量同比增长105%。

③ 在游戏音效方面，《黑神话：悟空》的音乐制作既致敬了经典，沿用了经典的《西游记》电视剧主题曲《云宫迅音》作为背景音乐，同时又有创新，新创《齐天大圣》《英雄气概何时休》等71首主题系列音乐，与不同关卡中的画面相得益彰，展现出我国音乐文化的独特魅力。游戏中对于陕北说书的引入更是神来之笔，成功地面向外国玩家完成了一波精彩的文化输出。

④ 在价值观方面，整个世界观在独特的东方文化视角下展开，玩家以“天命人”的身份入局，与天道论理、与命运抗争，游戏在传统角色养成的基础上增添了自我身份和使命探索的内容。玩家“天命人”与游戏中丰富立体的角色交互的过程，反映出命运的多维，折射出情感的幽微，让玩家在娱乐之余收获更多的理性思考，实现了文化的深度内化。《黑神话：悟空》以多线交叉的叙事结构、多元立体的角色刻画与多样化表达的美学画面为媒介，

呈现出了深邃玄奥的东方哲理。

作为一种聚焦于情绪满足和价值认同的消费业态，价值观是谷子经济长久发展的源头活水，然而当前中国品牌普遍存在的问题在于难以建立与价值观的连接，空洞的品牌精神无法获得消费者长久的认同，引发其精神上和情感上的共鸣，也因此难以真正地走近消费者，为其提供符合其认知、理念和需求的产品。

此外，价值观还直接关联着产品的营销环节。产品营销的核心是品牌和产品的传播，在这一过程中，很多企业将外部传播作为着力点，实际上是舍近求远，最有效的传播不是外部理念的灌输，而是来自内部的价值共振，企业只有自身形成高价值的品牌文化，得到用户的关注和认同，才能够借助用户自身的内驱力实现裂变式传播，实现用户心智的深度占领。

（2）跨界营销，实现精准传播

以《黑神话：悟空》的营销逻辑为例，该游戏选用孙悟空这一有着持久影响力的文化 IP，因此在上线后以原型 IP 的核心受众群为抓手，形成首波热度，随后针对不同类别的细分人群采取多样化的营销布局策略，打造流量矩阵，最终使《黑神话：悟空》成为现象级的全球游戏。

在传播渠道方面，《黑神话：悟空》整合 B 站、抖音等社交平台资源，实现快速传播，并适配相关领域的关键意见引领者，炒热传播氛围。

在国内，B 站和抖音是规模较大的内容社交平台，因此也成为《黑神话：悟空》的首选传播阵地。其中 B 站驻扎着大量的游戏主播，形成了良好的站内游戏内容生态，2020 年，B 站发布了《黑神话：悟空》的先行预告片，仅用时 24 小时便突破了千万播放量。抖音作为国民级的内容社交平台，以其庞大的用户基础和流量规模推动着《黑神话：悟空》后续的热度增长。平台上的游戏直播、游戏画面剪辑等内容为游戏的宣发提供了可靠助力，抖音的“互动玩法”和专题宣传页面更是推动形成了新的销量高峰。

在国外，考虑到孙悟空 IP 的影响力有限，官方仍然从价值观出发，聚焦于用户的心智占领，通过与头部意见引领者合作让更多的外国用户了解《西游记》和孙悟空，建立用户的认知基础。同时，在营销资源分配方面提高海外市场的优先级，比如在美国市场集中投放创意广告，提高潜在用户的抓取能力。

此外，越来越多的品牌开始重视互动营销，这本质上体现出的是消费市场由供给主导走向需求主导，在这一变化下作为供给方的品牌更加注重消费者的需求满足和消费体验，因此通过互动式营销的方式能够更好地切中消费者的需求点，与用户建立深层的情感连接，将普通用户转化为具有自传播能力的原点用户。

（3）品牌借力，IP 联名实现共赢

与品牌合作，打造产品矩阵，实现游戏开发商与合作品牌的双赢是《黑神话：悟空》的又一营销策略。从合作的品牌类型来看，其合作伙伴包括具有影响力的大众消费品和与游戏本身关联度较高的 3C 电子品牌两类。

通过与大众消费品联名，《黑神话：悟空》借助大众消费品良好的消费市场渗透能力实现了低成本的大范围营销，并进一步发挥了游戏在美学方面的价值优势，其与瑞幸联名推出的“腾云美式”自带印有游戏海报的纸袋、杯套以及限定海报，取得了耀眼的销售业绩。此外，《黑神话：悟空》与滴滴青桔达成合作，游戏与联名共享单车同时上线，极大地增加了游戏热度。

通过与 3C 电子消费品牌联名，《黑神话：悟空》得以借助高配设备获得更好的呈现效果，提高游戏本身对消费者的吸引力，同时品牌方也能够以游戏为窗口展现自身产品质量与技术实力，游戏与 3C 电子产品彼此配合，共同将用户的体验推向顶峰。比较成功的例子包括海信和《黑神话：悟空》联动推出的旗舰新品海信电视 E8N 系列，联想拯救者推出的 Y9000P《黑神话：悟空》联名定制版。此外，《黑神话：悟空》还与京东合作，打造游戏专属设备销售页面，推出了包括游戏本、显卡、投影仪、耳机等设备在内的游戏套装，通过游戏与设备的销售互促实现销量攀升。

第四部分

首发经济赋能的“它经济”：萌宠消费新场景

SHOUFA JINGJI

第 10 章
首发经济激活萌宠消费新需求

01 萌宠经济崛起：首发模式下的市场扩容

近年来，宠物经济市场迅速扩张，各个相关行业对宠物经济的关注度也进一步提升，宠物经济逐渐成为拉动消费的新引擎。

（1）全球萌宠经济的市场规模

随着全球养宠人数不断增多，全球宠物市场呈现出稳定增长的发展趋势。就目前来看，乖宝宠物、路斯股份、中宠股份、佩蒂股份、源飞宠物和天元宠物等多家企业均已上市，宠物经济产业规模逐年上升。根据 GMI 前瞻产业研究院的数据，2023 年，全球宠物市场规模约 3044 亿美元，到 2030 年，预计宠物行业市场规模将达到 5000 亿美元。

对养宠人士来说，宠物食品是一项刚需用品。从细分市场上来看，在宠物行业，宠物食品是最大的细分市场，宠物服务次之，Statista 前瞻产业研究院的数据显示，宠物食品的全球市场规模约为 1411 亿元，在整个行业中的占比为 47%，宠物服务市场份额约为 36%。从产品销售渠道上来看，现阶段，大多数宠物产品采用线下销售，但随着电子商业的快速发展，宠物行业线上渠道销售占比越来越高，Statista 前瞻产业研究院的数据显示，2023 年，宠物行业线上渠道销售占比已增长至 33.9%。从区域结构上来看，北美地区养宠率较高，同时也是宠物行业市场规模最大的区域，根据 Cognitive 前瞻产业研究院的数据，北美在全球宠物行业中的市场份额高达 38%，位列第一；欧洲占比 30%，位列第二；亚太地区占比 23%，位列第三。

（2）我国萌宠经济的市场规模

随着宠物数量不断增长，我国城镇宠物市场消费规模迅速扩张，根据《2023—2024 年中国宠物行业白皮书（消费报告）》，2023 年，城镇宠物消费市场规模高达 2793 亿元，预计在 2026 年这一数值将达到 3613 亿元。

① 宠物种类方面。在我国，大多数宠主选择饲养猫或犬，但同时也有越来越多宠主选择饲养异宠。根据思瀚产业研究院公开的各项数据，2018 年，我国城镇犬猫数量为 9149 万只，其中，宠物犬 5085 万只，宠物猫 4064 万只；到 2023 年，我国城镇犬猫数

量已增长至12155万只，其中，宠物犬的数量增长至5175万只，宠物猫的数量增长至6980万只。

② 养宠人群方面。宠主群体整体逐渐向年轻化、分布集中化、高知化、高收入化的方向发展。具体来说，根据《2023—2024年中国宠物行业白皮书（消费报告）》数据，从年龄分布上来看，2023年“90后”宠主的占比高达46.6%，所占比重较高，“00后”新增养宠人群占比43.7%，增长速度较快；从分布区域上来看，我国宠主集中分布在一、二线城市，2023年，一线和二线城市的宠主数量占比分别为28.9%和41.1%，三线及以下城市宠主数量占比约为30%。艾媒数据中的公开数据显示，从学历水平上来看，中高学历人群大多对养宠抱有更高的热情，2020年，在我国养宠人群中，拥有本科、专科学历的宠主数量占比分别为59.5%和26.9%，初中及以下学历的宠主数量占比仅2.2%；从收入水平上来看，我国养宠人群的平均收入有所上升，2020年，在我国养宠人群中，收入水平在8001～10000元、5001～8000元以及3001～5000元的宠主数量的占比分别为18.5%、35.2%和22.9%，收入水平在3000元以下的宠主占比仅有11.1%。

③ 宠物消费方面。在宠物消费方面，单宠年消费额有所变化，宠物猫和宠物狗的消费金额也存在一定差距，宠物食品仍旧占据着宠物行业主要市场。

从单宠消费情况上来看，《2023—2024年年中国宠物行业白皮书（消费报告）》公开数据显示，在2022年和2023年，单犬年均消费分别为2882元和2875元，单猫年均消费分别为1883元和1870元，由此可见，单宠年消费额略有下降，犬猫消费额差距较大；从消费结构上来看，宠物食品是主要消费市场，2023年，宠物食品市场份额高达52.3%。在宠物食品方面，宠主最重视营养配比、配料组成和品牌知名度，且十分关注用户口碑，在购买宠物食品时，宠主大多使用线上渠道，如淘宝、京东等，除此之外，部分宠主有时也会在宠物店和宠物医院购买宠物食品，少数宠主会通过线下商场和直播平台为宠物购买口粮。

近年来，我国大力发展宠物经济，国产宠粮品牌充分发挥本土优势，不断提高自身知名度，增强自身实力，扩大市场占有率，与此同时，宠主对中国品牌的认可度也在不断提高。《2025年中国宠物行业白皮书（消费报告）》显示，2024年，国产品牌的市场占有率已经提升至六成左右，在宠物主粮方面，32.9%的犬主人只购买国产犬主粮，34.8%的猫主人只购买国产猫主粮。由此可见，宠主已逐渐对进口宠粮“祛魅”，国产宠粮品牌正在崛起。

02 我国宠物经济：首发模式驱动的新发展趋势

（1）宠物消费升级，开创经济发展新局面

随着人们的消费侧重点从物质价值逐渐转向精神价值和情绪

价值，宠物经济近年来呈现出良好的发展势头，“它经济”成为新的潜力赛道。同时，新的消费形势下，宠物经济也迎来了升级，由传统的宠物食品、宠物用具、宠物医疗等基础生存服务供给转向了更为高端的宠物美容、宠物画像、宠物定制等精神层面的服务供给，宠物经济呈现出鲜明的“拟人化”特点，并以极快的速度增长。

根据《2023—2024 年中国宠物行业白皮书（消费报告）》，中国城镇养宠人数持续增长，到 2023 年达到 7510 万人。宠物消费市场规模为 2793 亿元，预计在 2026 年将达到 3613 亿元。随着资金、技术、劳动力等要素不断流入宠物服务行业以及宠物行业市场总值的不断提升，宠物经济成为典型的服务行业新形态，在我国社会经济中扮演着重要角色。

（2）宠物行业细分，延伸服务产业链

从发展特点来看，近年来我国宠物行业的发展呈现出产业垂直度加强、服务颗粒度提升的趋势。结合投融资数据细分可以发现，在原有的宠物食品、宠物用具、宠物医疗的基础上，资本聚焦于相对空白的宠物精神服务领域，创新出宠物保险、宠物交友、宠物托管、宠物婚礼与殡葬等新的宠物服务业态，产业细分程度进一步提高，市场需求覆盖能力进一步增强。

当前，我国宠物产业链的上中下游分别侧重于宠物饲养和交

易、宠物物品供给和宠物服务供给。过去，宠物产业链的价值集中分布于上游和中游，而在新的消费模式引领下，未来宠物产业链的价值将更多地向下游汇聚，随着宠物生存产品的供给逐渐走向饱和，人们多元化的精神与情感需求将推动宠物服务领域的业务丰富与业务细分，宠物消费将呈现出更具活力的发展态势。

（3）人才培养专业化，涌现新兴职业

宠物经济与人才就业、人才培养以及国家政策彼此互动，形成了良好的循环。首先，为满足宠物经济发展下的市场服务需求，就业市场涌现出了更多的宠物相关的新兴职业；其次，宠物服务领域岗位需求的增长与高质量服务的需要又推动了教育行业的调整，越来越多的高校设置宠物服务专业和专门的动物医学专业；最后，由于宠物经济在经济发展和缓解就业压力方面的积极作用，国家又将大力扶持其发展，颁布相关的政策，而这为宠物经济的进一步繁荣创造了条件。

通过校企合作，将使人才培养更加贴合市场需要，保障人才培养的供需对位，提高就业率；同时人才培养的专业化将进一步拉动行业的整体服务水平，提升行业的场景创新能力，进而催生出更多的市场需求，衍生出宠物美容师、宠物画师、宠物托管员等多种形式的宠物服务职业，且由于需求对接更精准，工作形式也更加灵活，行业的人才吸纳能力也将进一步增强。在岗位、人才与市场需求的多向互动之下，整个行业也将不断向前发展，形成健康的宠物经济生态。

（4）电商经营模式创新，宠物电商迎来新发展

近年来，数字化技术与实体经济的深度融合重塑了我国国民的消费模式，线上经济展现出迅猛的发展势头，代替线下店铺成为销售主力。随着国人消费理念的革新，电商经济也经历了多轮升级，新的电商模式正成为宠物经济的重要载体。

根据星图数据发布的统计资料，2024 年宠物食品“双 11”全网销售总额达 59 亿元，同比增长 22.92%，同比增速领先总体，猫狗宠物粮新客贡献近 50%，千万级单品数量超过 20 个。

同时，宠物电商行业也创新出了新的销售模式，包括：社区引流对接需求，电商触达完成交易的“社区 + 电商”经营模式，平台化的“B2C”模式，如天猫、京东等，“品牌商店 + 线上经济”的经营模式，如品牌在电商平台上的旗舰店、品牌的线上销售网站、品牌小程序等，萌宠 App 客户端经营模式。

根据鸿道投资发布的 2024 年宠物食品消费趋势数据，玛氏等国际品牌的市场垄断地位受到一定挑战，中国品牌麦富迪登上电商销量榜首，蓝氏、鲜朗、弗列加特也跻身销量前列，新兴国产宠物粮品牌正通过线上渠道实现对国际品牌的加速反超。电商经济刺激下的宠物经济新业态为从业者带来了更多的机遇，丰富了

产品触达消费者的方式，能够更好地汇集市场需求，同时也为消费者提供了更多的选择、降低了消费者购物的时间成本，实现了供给方与需求方的双赢。

03　“萌宠+旅游”消费新场景

近年来，宠物经济飞速发展，逐渐成为新的经济增长点。根据艾媒咨询发布的数据，2023 年，我国城镇宠物消费市场规模为 2793 亿元，预计到 2026 年，这一数据将达到 3613 亿元。

随着市场需求不断扩张，携宠出行、萌宠酒店等各种新兴旅行方式逐渐涌现出来，在一定程度上提升了旅行方式的多样性，同时也为旅游经济的发展增添了新活力。

（1）萌宠体育赛事

萌宠赛事既可以满足宠主携宠出行的需求，也可以催生新的宠物消费场景。例如，2023 年 4 月，成都邛崃举办“2023 中国 • 邛崃 PangdaGo 首届宠物家庭运动嘉年华”，这场萌宠赛事吸引了大量宠主、商家和观众，为各方提供了新的宠物消费场景。在活动现场，选手和观众不仅可以参赛、观赛，还可以参加邛窑国家考古遗址公园的草坪露营派对活动，游览邛崃景区。

萌宠体育赛事是一项集萌宠与体育于一体的活动，可以充分发挥聚合效应，对商家来说，可以积极把握该赛事带来的商机，参与尾箱集市活动或售卖各类特色商品，萌宠体育赛事可以有效促进宠物消费创新发展。

（2）萌宠出行工具

伦敦 k9 号双层巴士专门为宠物狗提供观光服务，其行驶路线会经过海德公园、格林公园、肯辛顿公园等公园和热门遛狗地点，同时该巴士还提供明确标注宠物友好的餐厅及酒吧的手册，宠主和宠物狗可以乘坐该巴士，用 90 分钟左右的时间环游伦敦，也可以中途下车去各个景点游玩，并根据手册选择允许宠物狗进入的餐厅用餐或休息，不仅如此，该巴士还提供解说服务，可以在途经各个景点时为宠主和宠物狗解说。例如，在经过白金汉宫时，解说员会提起伊丽莎白二世与她的柯基犬的故事；在经过维多利亚塔花园时，解说员会讲解在此处举办的年度狗展；在经过唐宁街时，解说员会介绍菲利普·哈蒙德家的宠物狗。

2023 年 4 月，哈罗发布《“五一”顺风出行预测报告》，并在该报告中指出，在“五一”假期期间，与宠主随行坐顺风车的宠物数量可能在 10 万只以上。除此之外，部分宠主还会选择自驾、包机等方式携宠出游。

(3) 萌宠主题酒店

随着宠物经济的快速发展，宠物友好型酒店的数量日渐增多。根据艾媒咨询的数据，截至2023年底，欧洲的宠物数量高达3.52亿只，养宠家庭高达1.66亿户，美国有70%左右的家庭为养宠家庭。人们对宠物喜爱程度在一定程度上影响着商家的态度，近年来，人们对宠物的喜爱程度不断升高，因此许多酒店也开始欢迎宠物入住。

现阶段，我国的宠物友好经济正处于发展初期，对酒店业来说，宠物友好型酒店是一种积极探索。为满足爱宠人士的携宠旅行需求，同程旅行推出“带上毛孩子闯世界”活动，同程旅行为爱宠人士提供了60000家可携带宠物入住的酒店和民宿，部分宠物酒店甚至可以为住店的宠物提供星级服务，宠主可根据自身实际需求选择适合的酒店或民宿。

近年来，我国宠物经济市场快速发展，各个私募股权投资和风险投资机构积极把握商机，陆续进入宠物经济市场。就目前来看，高瓴集团、KKR集团、红杉中国、深圳达晨创业投资有限公司等多家投资机构已经开始在宠物经济市场上布局。

我国的宠物经济正不断发展，传统的宠物商业模式已经不适用当前的宠物经济。《2023—2024年中国宠物行业白皮书（消费报告)》显示，2023年，我国城镇宠物（犬猫）消费市场规模已经增长到2793亿元，成为全球第二大宠物市场，其中宠物旅游出现爆发式增长，为宠物经济的发展带来了新动力。另外，80%的携宠用户在出行时会主动搜索宠物友好酒店。Google Trends数据显示，疫情后搜索关键词“宠物友好住宿”的用户数大幅增长。

由此可见，随着人们对宠物的重视程度越来越高，宠物产业飞速发展，宠物旅游的热度也在不断上升，为了充分满足宠主对携宠出游的需求，各地可根据实际情况革新商业模式，优化旅行服务，为携宠出游的游客提供更好的旅行体验，推动宠物经济快速发展。

04 “萌宠+零售”模式新体验

随着人们生活方式的改变和“悦己型”消费的兴起，越来越多的人愿意为宠物付出更多的时间、精力和金钱，反映在消费市场上，就是“宠物经济”兴起，同时宠物概念股的市值也不断提高。在此背景下，越来越多的购物中心引入各类与宠物相关的业态，包括宠物美容、宠物食品、宠物医疗、宠物休闲等，为了进一步提升用户体验，一些商场还开始向带宠物的用户开放，“宠物友好型”商场逐渐常态化。

宠物业态入驻购物中心的意义主要体现在两个方面，一是能够充分发挥宠物业态的社交属性，提高购物中心的人气，同时为新项目的开发和新活动的组织奠定基础，提升购物中心的用户覆盖能力；二是能够以宠物业态为基础延伸出更多服务，加强与用户的互动，优化用户体验，从而更好地销售宠物周边产品，提升对用户心智的占领能力。

（1）宠物友好型商场

“宠物友好型”商场在建设过程中同时也面临一些问题：一是从安全层面看，猫狗等宠物可能会出现攻击行为，会惊吓到部分顾客；二是从卫生层面看，有的宠物体味重，其排便也会对商场环境造成影响；三是部分顾客本身不喜欢宠物或恐惧宠物，其体验会因此受到影响。因此，购物中心在打造宠物业态时应综合考虑上述问题，尽可能保证各类消费客群的安全和体验。

在这方面，成都大悦城和杭州大悦城的探索在业内起到了标杆作用，其积累的成功经验也被烟台大悦城所借鉴。2022 年 6 月 24 日烟台大悦城宠物服务中心启用后，迅速获得了宠物主的喜爱。商场从公共安全卫生和养宠用户的角度考虑，以租借的方式提供牵引绳、大型犬嘴套、一次性清洁垫等能够解决宠物卫生与安全问题的用品；同时免费提供宠物应急粮、饮用水、应急药物等，帮助宠物主解决带宠物在外遇到的各种突发情况。

从后续的发展规划来看，烟台大悦城主要将从以下两个方面发力，一是在商场内打造专门的宠物专区，引入宠物诊所、宠物美容、宠物游戏等业态，形成业态完善的宠物商业单元；二是通过策划宠物社交会、宠物秀等活动增强对宠物主的吸引力，提高客户黏性。

（2）宠物主题街

打造宠物主题街既能提高购物中心辨识度，进一步丰富商场业态，形成亮点，又能够通过专题化的分区实现人群分流，降低对其他非宠物经济客群的影响，这样既能够提升购物中心的客群覆盖能力，又避免了不同客群之间的互斥，实现了精细化运营。

在宠物主题街区方面探索比较成功的是杭州“宠这里”街区，该街区位于杭州高德置地广场，作为杭州首条宠物主题街区，“宠这里”从街区设施、布局规划、业态引入、服务供给等多个方面入手，为用户提供极致的宠物消费体验。

在基础设施方面，街区设置了宠物电梯，方便主人和宠物通行，同时商场内提供专门的宠物推车，能够解决宠物逛街过程中体力消耗过大的问题，为用户和宠物带来更好的体验。

在布局规划方面，“宠这里”采取大空间设计，整个街区占地2700 平方米，街区内部道路、室内店铺设计合理，能够同时容纳大量携带宠物的消费者。

在业态引入方面，采用多元业态策略，除了经典的宠物美容、宠物医疗、宠物寄养、休闲餐饮等业态，还包括宠物社交、人宠娱乐、宠物乐园等体验式宠物业态，能够充分满足消费者的多元需求。

在服务供给方面，街区为宠物主和宠物提供专属互动空间，并支持举办定制化的宠物活动，包括宠物生日派对、宠物交友会等，街区内爱宠氛围浓厚，能够让消费者及其宠物感受到强烈的亲切感和归属感。

（3）宠物集合零售店

在向宠物行业进军的过程中，购物中心除了从内部商业架构方面进行调整，引入宠物新业态，同时还与积极谋求业务拓展的宠物周边产品零售商展开了合作。

宠物连锁品牌“dogway狗道”是较为典型的通过入驻购物商场而实现业务升级的品牌，其原本的主要布局是社区门店，自2017年转向布局商场门店后，“dogway狗道”在苏州市场获得了成功，其综合门店最高月销额突破了百万，随后其迅速将购物中心连锁店模式作为后续发展战略，连续四年年化增长率达到50%。2022年，该品牌的首家旗舰店落户上海百联南方购物中心，面积达1200平方米，基本实现了宠物产品品类的全覆盖。

作为新兴零售品牌，极宠家JACKPET通过与商场的合作实现了业态模式的创新，在业内获得了极大关注。2019年，极宠家在南京开设首家门店，面积达到4200平方米，打造了一个超大规模的宠物业态综合体。2022 年初，该品牌与深圳壹方天地签约成功，其第六家门店不久后便落地深圳壹方天地 D 区。从经验概括角度来看，极宠家的成功主要源于两个方面，一是其多业态整合运营体系能够适应商场的商业模式，将萌宠经济与零售产业实现了有机融合；二是其注重企业价值观的输出，通过“让养宠更快乐”的口号击中目标客群的需求点，引起消费者共鸣，实现用户心智占领。

第 11 章
创业红利：宠物经济的细分赛道

01　细分赛道1：宠物零食

随着人们的生活水平和对宠物的重视程度日渐升高，宠物喂养开始趋向精细化，宠物零食需求快速增长，与此同时，宠物零食的品类多样性和市场渗透率也得到了进一步提高。

近年来，宠物的陪伴作用日渐显著，宠主对宠物的关爱程度也越来越高，大多数宠主认为，不仅要满足宠物的基本营养需求，还要注意宠物食品的品质和丰富性。对于宠物零食，宠主对口感、原料和安全性等方面的要求进一步提升，为了向宠物提供高品质的宠物零食，宠主在这一方面所花费的资金也有所增加，因此宠物零食消费金额也有所上涨。

宠物零食拥有较大的创新空间，宠物食品厂商可以从口味、形态、功能等多个角度入手，开发出各种新型宠物零食。在口味方面，商家不仅可以推出鸡肉、牛肉等常见口味，还可以创新性地开发鱼肉、虾肉、鹿肉、果蔬等多种特殊口味的宠物零食，提高宠物饮食的丰富性，同时也可以借助这些不同口味的零食来满足宠主在宠物食品多样性方面的需求；在形态方面，商家不仅可以生产肉干、饼干、罐头等传统的宠物零食，还可以将宠物零食塑造成棒棒糖等多种形状，通过形态创新来增加宠物食用的趣味性，增强产品对宠主的吸引力；在功能方面，商家可以对宠物零食的功能进行细分，针对口腔健康、消化、营养补充等具体需求开发具有特定功能的宠物零食，如洁齿零食、益生菌零食、营养补剂零食等，利用宠物零食来保障宠物健康。

宠物食品的品质和安全性是宠主最重视的问题，品质高、安全性强的宠物零食既可以获得更多宠主的青睐，也可以在一定程度上为宠物经济的发展提供动力。近年来，我国陆续出台各项相关法律法规，行业标准日渐完善，各个相关部门也进一步加大对宠物食品生产制造的监管力度，保证原料采购、生产加工、包装储存等环节的规范性。随着行业发展趋向标准化、规范化，宠物食品企业对产品质量和安全性的重视程度进一步提升，在生产宠物食品的过程中，注重选用新鲜肉类、天然果蔬等高质量的原料，降低添加剂和防腐剂的用量，同时也要优化完善质量检测体系，加强产品质检，防止产品出现营养成分不足、微生物数量超标、重金属含量超标等问题。

品牌建设和市场竞争是影响宠物食品行业发展的重要因素。在选购宠物零食的过程中，品牌知名度是宠主十分重视的一项内容，一般来说，宠主倾向于选择口碑较好、知名度较高的品牌推出的产品。为了吸引更多宠主购买，宠物食品企业开始加强品牌建设，提高产品质量，优化售后服务，积极开展营销活动，采取多样化的手段提升品牌形象。从整个宠物食品行业的角度上来看，品牌的发展可以为行业整体水平的提升提供一定的支持，驱动宠物经济市场走向成熟，促进行业快速发展、市场不断扩张，进而吸引更多企业进入市场，与此同时，市场竞争也会进一步加剧。从宠物食品企业的角度上来看，为了在激烈的市场竞争中占据一席之地，企业需要不断创新产品，提高产品质量，利用行之有效的营销方式扩大品牌知名度，增强自身竞争力。

就目前来看，产品销售渠道逐渐多元，电商行业快速发展，电商平台也展现出了便捷性强、信息透明、产品丰富等诸多优势，同时也可以充分满足消费者的购物需求，并为宠物零食的线上销售提供强有力的支持。电商平台具备一定的大数据分析功能，可以分析用户的各项数据，根据数据分析结果，提高产品推广和营销的精准度，减少在营销方面的成本支出，提高销售效率。

近年来，各行各业涌现出许多新的销售模式，如直播带货、社交电商等，这些新兴销售模式在宠物零食销售领域发挥着重要作用，促进宠物零食产业快速增长。在电商直播间，主播可以向消费者介绍和推荐宠物零食产品，让消费者可以更直观地了解产品的特点和优势，进而达到提高转化率的效果，进一步增加宠物零食行业的产品销量。

随着宠主在宠物零食方面的需求逐渐趋向多样化，个性化定制服务的发展空间进一步扩大，宠物食品领域的企业可以针对宠物的年龄、体重、品种、口味、健康状况等具体情况，为消费者提供个性化的定制服务，确保自身推出的宠物零食服务可充分满足消费者对个性化产品的需求，优化消费体验，提升消费者的满意度和认可度，进而达到促进利润增长的目的。

在绿色环保理念日渐深入人心的大背景下，宠物零食行业也要顺应可持续发展趋势，采用可降解的包装材料，降低环境污染，减少污染物排放和能源消耗。对企业来说，基于可持续发展理念的宠物零食既符合当前及未来一段时间内的社会发展趋势，也可以获得更多消费者的认可，还可以为打造良好的社会形象提供支持。

宠物经济是一项“它经济”。对宠物来说，宠物食品是一项高频刚性需求，对“它经济”来说，宠物食品在整个宠物市场中占据着较大的市场份额。

随着宠物喂养观念的不断变化，养宠人士在宠物食品的品质、功能性、多样性等方面的要求越来越高，宠物食品不仅是养宠的刚需品，更要满足健康多元化的需求。就目前来看，宠物食品的精细化、功能化程度不断升高，并逐渐发展出宠物零食、宠物营养品、宠物保健品等多个食品品类，不仅能够解决宠物温饱问题，还可以满足宠物在护肤美毛、肠胃调理、强化免疫和骨骼关节保护等多个方面的健康需求。

从宠物市场的发展情况上来看，在二战后，英美等国家的宠物市场开始向产业化的方向发展，宠物厂商加大了对宠物消费品研发的投入，生产出了稳定性较强的优质营养品，同时也形成了较强的品牌效应，并逐步占领了大部分宠物市场。

近年来，“它经济”的发展速度越来越快，年轻一代对宠物经济的影响迅速提升，需求逐渐趋向年轻化，国内厂商积极把握这一需求变化，进一步提高产品迭代速度，借助产品创新来增强自身竞争力，同时充分发挥价格优势，抢占更多市场份额。

02　细分赛道2：宠物用品

我国宠物行业发展向好，宠物经济市场规模持续扩张，其中，宠物用品市场稳步发展，并逐渐呈现出智能化、高端化、环保与可持续、个性化与定制化等特点。近年来，社会经济飞速发展，人们的养宠观念不断变化，宠物行业展示出了较大的发展潜力，并逐渐成为市场蓝海，吸引大量创业者进入市场，推动市场规模进一步扩张，根据艾媒咨询的数据，2025 年，宠物用品市场规模预计为484亿元，不仅如此，大量初创企业的涌入也在一定程度上提高了本土品牌的市场占有率，降低了海外品牌在国内的市场占有率。

作为目前热度最高的宠物用品细分赛道，智能宠物用品市场快速发展，市场规模不断扩大。根据《2023—2024年中国宠物行业白皮书（消费报告）》的数据，2024年智能宠物用品的成交额同比增长105%，除此之外，2024年“6·18”期间，宠物智能用品的成交额也表现出强劲的增长势头，以天猫平台为例，宠物智能除味器销售额同比增长高达330%，宠物智能喂食器销售额同比增长高达230%，智能猫砂盆销售额同比增长高达140%，宠物智能烘干箱销售额同比增长高达120%。

（1）猫砂产品

植物猫砂具有可降解、原材料可再生等特点，符合绿色环保理念，备受养猫人士的喜爱。以烟台美翌宠物用品有限公司生产的植物猫砂为例，该猫砂以豌豆纤维为主要原料，既能够充分保证原材料的易得性，确保供应的稳定性，还能够保证食品级的原料品质，不仅如此，该猫砂还具备结团快、可冲厕、除臭性强、清理便捷等诸多优势，受到广大养猫人士的欢迎，并打入多个海外国家的宠物用品市场。

木薯具有淀粉含量高、直链淀粉比例高等特点，木薯猫砂在吸水后会迅速结团，达到结团紧实、不易沾底的效果；不仅如此，木薯还具有环保和可降解的特性，符合消费者对绿色环保和可持续发展的要求；同时木薯猫砂还拥有平滑细腻的质感，能够保证宠物猫脚感舒适，提升宠物体验，因此木薯猫砂在养猫群体中备受欢迎。在实际应用方面，许多猫砂品牌商家还会将植物酵素、小苏打、SAP 高分子材料等除臭成分加入木薯猫砂中，增强木薯猫砂的除臭效果。

除此之外，豆腐渣猫砂也备受养猫人士喜爱。这种猫砂以大豆加工产生的豆渣为原料，可以实现对废弃物的再利用，符合消费者对可持续发展的需求，同时还具备除臭性强、可冲厕、可降解、原材料可再生等诸多优势，是当前市场中十分重要的猫砂品类。海森华宠（山东）宠物用品有限公司新建两条植物猫砂自动化生产线，用于生产豆腐渣猫砂。

（2）宠物电器

养宠人群的增加带动宠物电器市场需求不断增长，为了充分满足市场需求，松下、飞利浦等电器品牌深入分析养宠人士痛点，并针对各项痛点推出相应的宠物产品，同时积极构建宠物产品矩阵，抢占宠物电器市场。

以宠物空气净化器类产品为例，希喂 FreAirLite、霍尼韦尔 H-cat、安德迈 9920S 等品牌产品的质量较高，差评较少，因此销量也位于前列。从产品细节上来看，这些净化器的封口、风道、风机和滤芯各有特点，分别针对养宠人士的各项痛点，如宠物浮毛、异味、病菌等。小米、贝尔克、希喂、352等品牌推出了一些主打性价比的宠物空气净化器，且这些净化器分别具有各自的优势和特点，能够满足不同类型消费者的需求。

除此之外，其他宠物电器和服务平台也为养宠人士提供了许多便利。例如，宠物友好社区服务平台可以为养宠人士提供宠物专车、上门喂养、寄养、上门美容等多种服务，宠物专车通常配有宠物专用座椅和安全防护措施，可以充分保障宠物的安全，司机和服务人员均为经过培训的专业人员，可以与宠物友好相处。

我国宠物用品行业正处在向数字化、智能化方向升级发展的关键时期，小米、美的、海尔等科技企业的加入有助于提升宠物用品的智能化程度，促进智能宠物用品市场规模的进一步增长。与此同时，宠物用品行业在发展过程中也面临着诸多挑战，具体来说，资金、销售渠道、产品质量等方面的阻碍均会影响整个行业的市场规模。

① 在资金方面，宠物用品的研发、设计、制造和市场开拓都离不开大量资金的支持，新入行企业需要在各方面花费大量资金才能维持正常运转。

② 在销售渠道方面，北美、欧洲、日本等地区和国家的大型专业宠物产品连锁店、综合性连锁零售商和电商平台占据着绝大

多数的市场销售渠道，与此同时，客户也设置了合格供应商准入制度，新企业必须在通过供应商认证和长期磨合后才能与客户建立起信任关系，打通销售渠道。

③ 在产品质量方面，消费者对产品的质量和品质的重视程度不断升高，行业标准越来越严格，对新入行企业来说，在短时间内迅速掌握生产工艺和品质管控方法的难度较大。

03　细分赛道3：宠物服务

(1) 社区宠物服务

近年来，许多智慧平台新增各项宠物服务，为广大养宠人士提供了许多方便。以菏泽市巨野县为例，该县各社区推出“社区爱宠”服务，养宠人士可以线上预约各项宠物服务，如洗澡、注射疫苗等，与此同时，该县还在积极建设社区服务中心，增加宠物服务机构数量，通过社区智慧平台为养宠居民提供方便。

上海市徐汇区日六二居民区在日晖绿地公园举办宠物公益活动，该宠物公益市集吸引了大量宠物行业品牌，人们可以在这里获取养宠和领养等方面的知识，养宠人士还可以带宠物享受宠物医生义诊等服务。

除此之外，许多宠物友好服务社区平台还推出宠物专车、上门喂养、寄养和代遛狗等服务，平台中的工作人员均具有一定的专业性，既能保证宠物的安全，也能够提供优质的宠物服务。不仅如此，这些宠物友好服务社区平台还支持宠主互相交流，让宠主可以通过养宠进行社交，向其他宠主分享养宠经验。

(2) 宠物医疗服务

接种疫苗具有预防疾病的作用，接种宠物疫苗是养宠过程中至关重要的一环。在宠物疫苗研发方面，国外宠物医疗企业的发展时间较早，具有较大优势，而我国的宠物疫苗研发还处在发展初期，许多企业正在从畜禽动保领域向宠物疫苗药品领域转型。近年来，我国正加速布局宠物药品行业，大力发展宠物药业务，不断扩大宠物药市场。

就目前来看，我国宠物医疗发展时间较短，存在宠物疫苗研发基础薄弱、宠物疫苗类产品对进口的依赖性较强、宠物医师人才紧缺等问题，进而导致宠物医疗费用较为昂贵。

根据 Petslib 的公开数据，截至 2024 年 10 月，我国宠物医院数量高达 34159 家，宠物医疗行业整体呈现出分散化的格局，大多数宠物医院为个体经营机构。随着宠物医疗行业的飞速发展，宠物市场快速扩张，专业化大型宠物医院将逐渐成为消费者的首选，可以为消费者提供多种服务，充分满足消费者需求。

宠主无法使用语言与宠物直接交流，难以掌握宠物精神萎靡的真正原因，因此有随时随地使用线上宠物医疗服务的需求，在线上获取养宠知识，完成病症自诊，并购买所需药物。由此可见，线上宠物医疗在一定程度上解决了宠物医疗不便的问题，为养宠人士提供了便利。

04　细分赛道4：宠物营养品

随着宠物经济市场不断扩大，宠物营养品需求快速增长，为了满足市场需求，抢占市场份额，各个宠物营养品企业纷纷加快建设全自动生产线，积极与电商平台和科研院所展开合作，打通货物销售渠道，提高产品质量。

例如，山东赛西宠物食品有限公司已建成多条宠物食品生产线，分别用于生产冻干食品、膨化食品、罐头食品等产品，并积极与科研院所合作，优化冻干速冻、低温烘焙等生产工艺，通过全产业链一体化生产的方式大幅提高高端宠物食品的产量，进而获得了更多销售利润。山东心持生物科技有限公司采购了多条全自动生产线，进一步提高了产品生产的质量和效率，并逐步发展为 LAZADA 在马来西亚唯一的宠物零食供货商。

除此之外，山东菏泽佳诺佳宠物用品有限公司的产品研发人员开发出了多种宠物营养食品，可以满足不同品种、不同年龄、不同健康状况的宠物的营养需求，该企业还建设了两条相互独立的现代化专业生产线，用于生产小宠粮、狗粮、猫粮等不同种类宠物的食品和干燥昆虫、小鱼干、小虾等宠物零食，进一步提高产品的生产效率和产量。

为了充分满足市场需求，宠物营养品企业在丰富产品种类的同时还在不断升级产品工艺。部分宠物营养品商家从剂型、封存技术和制造工艺等方面入手，进一步提高技术水平，并增强产品在使用时的便捷性，同时加大对营养品保存问题的重视，尽可能防止出现长期保存影响使用效果的情况。

从护肤美毛类产品上来看，部分企业不断升级原料、优化配方，开发出含有凤尾鱼、深海三文鱼等多种高端原料的鱼油产品，提高鱼油产品的差异性；从骨骼关节保护类产品上来看，部分企业以钙源扩充、成分升级等方式对产品进行创新，开发出复合钙、螯合钙和有机酸钙等多种产品，进一步提高了骨骼关节保护类产品的差异性；从强化免疫类产品上来看，部分企业对原有产品进行升级，例如，对单一维生素进行升级，推出效果更好的复合维生素。

商家对营销的重视程度较高，为了吸引更多消费者，通常会为产品打造具有较强吸引力的包装和宣传广告。但质量和安全性才是食品类产品最核心的要素，在宠物食品领域，食品的质量和安全性也是影响宠物主消费选择的主要因素，由此可见，只有能保证质量的宠物食品才能在市场中长期存活下来。

第 12 章
首发经济下我国宠物产业的升级路径

01　完善宠物食品产业体系

作为宠物经济产业链的中端，宠物食品行业与宠物医疗行业共同组成宠物经济的主力。传统的宠物经济领域，品牌趋于饱和、竞争激烈是这一行业当前的发展现状，国产品牌自主创新能力差、配方专利数量少、市场竞争力弱、可持续发展能力弱是这一行业当前存在的主要问题。由于国内宠物行业起步较晚，当前占据市场主导地位的仍然是国际品牌。根据浙商证券发布的 2024 年宠物食品专题报告的数据，猫粮湿粮公司份额占比前十位中，有一半为国产企业，市占率之和为 15.8%；零食品牌份额占比前四位的均为国产品牌，市占率之和为 30%；狗粮市场上麦富迪超越皇家以 4.2% 的份额成为该赛道内市场份额占比最高的品牌。但从整体上看，在宠物粮市场上拥有统治力的仍然是国际品牌。

国产品牌宠物粮尽管拥有性价比高、下沉市场用户规模大的优势，仍然难以超越国外品牌占据国内宠物粮产业的主导地位，主要有以下三方面原因：一是宠物食品属于强需求产品，产品选择本身受市场定位影响不大，消费者更倾向选择品质有保障的大品牌；二是国产品牌由于在配方和专利方面竞争力较弱，其产品更多地聚焦于适口性、产品外观和喂食便利性等方面，而这些发力点并没有触及消费者对于宠物粮高品质、多功能、营养均衡的核心需求，造成了需求脱节；三是相较于国外宠物粮市场，国内的产品监管配套尚不完善，国产宠物粮在质量方面仍无法取得消费者信任。

因此，我国应该尽快建立完善的宠物食品产业体系，聚焦于加强宠物食品产业制度供给和提高国产宠物食品核心竞争力两个方面。一方面，在进行深入市场调研的基础上制定并完善宠物食品行业的生产标准和管理规范，加强宠物粮质检，使之贯穿从供应链到工厂生产再到销售的宠物粮生产全环节；另一方面，提升国产宠物粮质量，从工艺、配方、储存技术等方面切入，提升其核心品质，同时结合消费者偏好与市场需要，在适口性、功能性、性价比等方面做辅助性调整。

02 塑造国产品牌竞争优势

派读宠物大数据平台发布的《2023年—2024中国宠物行业白皮书》数据显示，2023年宠物犬数量为5175万只，较2022年增长1.1%，宠物猫数量为6980万只，较2022年增长6.8%。“稳中向好”仍然是宠物经济行业主基调。同时，消费者的宠物消费意愿与能力不断提升，宠物保险、宠物美容、宠物训练等新的宠物细分服务市场大量涌现，但从整体行业占比来看，根据《中国宠物行业发展指数报告》，2017—2022年宠物食品市场规模占比在38%以上，宠物医疗市场规模在30%以上，宠物用品市场规模保持在20%左右，宠物服务市场规模占比约为12%，相对而言，宠物服务市场仍处于发展早期。

养宠渗透率是反映当前宠物市场需求与潜在市场规模的一项数值，提高养宠渗透率，应从挖掘宠物市场需求、推动业务领域细分等方面展开行动。要加强需求挖掘，结合不同用户的痛点推出不同的产品，以宠物食品为例，可以从功能角度进一步分类，如美毛功能宠物粮、增肌壮骨宠物粮、驱虫功能的宠物粮等。

宠物用品产业是宠物经济产业链中游环节中市场规模仅次于宠物食品的行业，拥有丰富的细分品类，包括宠物家具（猫爬架、宠物用品收纳）、宠物窝、宠物牵引用具、宠物卫生用品、宠物饲养用具、宠物装饰用具等。由于市场空间广阔，这一行业内涌入了大量的宠物品牌，随着供应饱和，这一赛道内的竞争也日益激烈。该市场面临的主要问题包括价格竞争、产品缺乏差异化、产能过剩等。

宠物用品行业存在的发展问题制约了行业整体发展的可持续性。首先，由于行业整体进入门槛低，各种品牌大规模涌入，市场上的产品良莠不齐，进一步加剧了行业内部的竞争，产品附加值低，行业盈利能力弱；其次，行业盈利能力弱导致品牌不愿意拿出更多的成本用于产品的创新与研发，行业内品牌长期徘徊于中低端市场，产品缺乏差异性，对消费者的吸引力较低；最后，利润低、同质化的经营模式进一步加剧了行业内卷，企业经营者只能通过提高定价获取利润，而这又进一步拉低了产品的竞争力，使整个行业的发展处于停滞状态，产品、模式和企业管理都难以进步，这也使得国内宠物用品产业难以实现规模化、集群化发展，产品供给水平难以提高。

针对宠物行业面临的产品与服务差异化程度低、产品创新性不足、市场秩序差等问题，应从提升行业细分程度、提高产品和服务的竞争力、规范市场秩序、引导业态创新等方面予以解决。

首先，应引导企业进一步明确用户画像，不断拓展细分赛道，以需求为导向，在保证所提供的产品和服务切中用户痛点的基础上，进一步通过品牌文化建设、品牌格调打造来满足用户的情绪价值，实现品牌分流，走出差异化道路；其次，重视宠物产品的研发设计环节，构建专家、高校与企业的深度合作关系，保证产品的安全性、创新性、实用性；再次，进一步加强市场监管，提高准入门槛，保证产品质量；最后，顺应智能化、数字化潮流，一方面将智能宠物用品作为产品开发方向，另一方面在产业模式上积极向短视频销售、电商销售等新兴模式靠拢，强化用户心智占领，提升新品类的渗透能力。

03　健全宠物医疗法律法规

宠物医疗在宠物经济下游环节中占据主导地位，传统的服务项目包括疫苗接种、疾病诊治、宠物体检以及宠物手术。随着宠物在人们生活中的重要性不断提升以及人们养宠预算的不断增加，宠物美容、宠物整形等新兴医疗服务的市场规模不断扩大，且受线上经济影响，线上训宠、宠物远程医疗业逐渐兴起。

从服务供给质量角度来看，我国宠物医疗市场仍存在较多问题，主要是行业缺乏统一收费标准，市场监管缺位，导致宠物医疗收费混乱，且存在用药不规范问题。其中宠物药品和宠物检查费用在消费者宠物医疗支出中占比最大，主要原因包括以下方面：一是药物成本高，由于我国在宠物药物研究方面存在短板，一些宠物专用药需要从国外进口，这些药物往往价格高昂；二是宠物用药价格标准建设不完善，业内宠物药价格有高有低，且在市场价值杠杆作用下宠物医院拥有了实际的宠物药品定价权，资本逐利机制下宠物药品和医疗服务溢价较高。

此外，宠物行业人才短缺也成为当前限制我国宠物医疗高水平发展的重要因素。一方面，宠物医疗、宠物药物研发领域缺乏高精尖人才，限制了我国宠物业产品和服务的创新，使得我国在相关领域的发展一直处于“受制于人”的状态；另一方面，在基础宠物医疗服务方面存在人才“供不应求”的供需矛盾，且兽医行业还存在较严重的人才结构不合理问题，经济动物类兽医占比远高于宠物兽医，宠物医疗市场人才缺乏严重。因此，国内应充分重视宠物医疗人才培养，优化人才培养结构，打造新的兽医服务模式。

在宠物医疗领域，要从完善法律法规、保障宠物专用药供给和专业人才培养等方面保障消费者合法权益，打造良好的宠物医疗生态。首先，完善宠物医疗法律法规，对宠物用药来源、宠物医疗收费进行针对性立法，将医疗质量与安全控制作为重点监管内容，并纳入医院的考核和评级中，并通过收紧准入条件、实施末位淘汰制等措施倒逼医院加强医疗质量与行医规范方面的自我监管；其次，在宠物专用药领域加大研发投入，争取培育一批国内的宠物专用药生产企业，减少对国外专用药的依赖，降低医疗成本，同时保证宠物医疗用药的透明度；最后，加强宠物医疗专业服务人才的培养，进一步加强校企合作，做好人才培养与市场需求方面的对接。

04 加快市场监管体系建设

当前，我国普遍存在宠物饲养规范性不足，缺乏科学的饲养、转养和弃养程序，宠物伤人和宠物遗弃事件频发，流浪动物问题突出，极大地影响了市民安全与城市环境维护，出现这种情况的原因包括以下几个方面。

① 养宠人群宠物饲养能力不足。目前，具有高消费能力、重视精神与情感价值的“80后”和“90后”成为养宠主力军，然而由于养宠经验不足，这一群体在宠物饲养、训练方面的科学性不足，经常出现宠物伤人、宠物生病的情况，最终弃养。

② 宠物活体交易市场缺乏约束，宠物源质量难以保障。宠物繁育条件不达标，缺乏执业资格的“私人狗场”大量存在，这导致宠物活体交易市场上充斥着大量畸形宠物、带病宠物、冒牌品种宠物，一些消费者受其坑骗将繁育路径不清晰的宠物买回，最终因为难以支付宠物医疗费用或宠物不符合心理预期而弃养。

③ 相关体系与标准建设不完善，难以从源头遏制宠物交易乱象，同时也缺乏有效的措施妥善安置流浪宠物。当前，宠物活体

市场的违规繁育、不良交易行为在监管方面仍然存在一定空白，相关标准缺失严重，根据新华社中国经济信息社与赣州大健康宠物研究院联合发布的《中国宠物行业发展指数报告（2023）》，截至2022年，中国宠物行业现行国家标准26项、行业标准19项、地方标准13项、团体标准约107项，行业标准有待进一步补齐。且从市场层面来看，当前宠物交易市场以小微企业为主，大量小微企业竞争无序，监管难度大、监管不彻底的问题难以解决。在流浪动物安置方面，当前国家在动物保护方面立法缺失，流浪动物救助缺乏公权力支撑，仅仅依靠民间救助站及个人领养者，救助效果有限；且当前宠物领养观念尚未普及，民间救助缺乏持续发展的动力。

在宠物活体交易领域，政府应从加强宠物活体交易资格审批、加强动物保护立法以及完善宠物饲养登记和城市宠物收容机构建设等方面予以解决。政府应提升宠物活体交易准入门槛，设立严格的从业者资质审批制度；制定相关标准，整治当前宠物活体交易市场上的乱象，依法取缔不合规的犬舍、繁育基地；完善宠物交易前的宠物溯源、宠物体检等程序；加快补齐国内在动物保护领域的法律空白，推动官方城市动物收容机构建设；加强宠物饲养、领养登记，面向宠物饲养人群展开监管，约束随意遗弃宠物的行为；加强科学养宠知识普及，提供免费的宠物医疗救助等。

第五部分

首发经济与会展经济的协同创新

SHOUFA JINGJI

第 13 章
会展经济：首发活动的战略平台

01　会展经济内涵：首发场景的集中展示

会展经济对于经济发展有着极强的带动作用，同时数字经济的崛起也意味着会展经济迎来了新的机遇，在此背景下，国家从政策层面对会展经济给予支持，发布了一系列相关的政策文件。

2022 年 1 月 12 日，国务院发布《"十四五"数字经济发展规划》，提出加快推动会展旅游等领域公共服务资源数字化供给和网络化服务。2023 年 7 月 31 日，国家发展改革委发布《关于恢复和扩大消费的措施》，在扩大服务消费部分强调"促进文娱体育会展消费"。2024 年 3 月 5 日发布的《2024 年国务院政府工作报告》中提到要办好进博会等多项重大展会。

国家层面的政策文件明确了会展经济的发展方向，各地应积极遵循国家政策文件的指导，同时根据本地实际情况制定地方性政策，持续推进会展经济的发展，打造会展品牌，提升会展的国际影响力，充分挖掘会展的市场价值，沿着智能化、绿色化的方向提升会展经济的发展建设质量，形成健康完善的会展经济生态，为城市的整体发展提供重要助力。

（1）会展经济的内涵

根据当前学界的观点，关于会展经济的概念和内涵大致有以下四种表述方式。

① 会展经济基于会展业创造经济效益，会展的具体形式有展览会、博览会、交易会等，可发挥信息交流和服务平台的作用。

② 会展经济以会展产业为主体，会展产业具有综合性质，涉及产业和区域间的交流合作，以会议、展览等活动为载体推动经济发展。

③ 会展业是会展经济的基座，会展经济通过举行各类会展活动促进信息、资金、人才等要素的交流，能够起到驱动产业发展的作用。

④ 会展经济的核心为会展业，同时依靠其他相关产业的协同，具有跨产业和跨区域的性质。

总结以上几种定义，可得出会展业是会展经济的核心和凭借，会展活动是会展经济的主要载体。会展经济可作为经济社会发展的重要推力，能够创造可观的经济价值，带动产业发展和城市建设。不过，会展经济的发展也受到多方面的制约，比如人力和物质资本不足、技术创新乏力等，需要各地政府重视会展经济方面的资本投入和创新支撑。

（2）会展经济的特点

① 聚集性。会展本身是一种集会，因此聚集性是会展经济的基本特性。在会展经济中，各类会展活动为各项要素的聚集提供平台，包括产品、技术、信息等，为从业者创造沟通交流的机会，参会者可在活动期间获取行业内的最新信息，了解行业发展的最新进展和趋势。会展的聚集效应时常能够促成行业内的有效协作，成为行业创新的重要源泉。

② 经济性。会展活动可为相关行业创造可观的经济收益，为经济发展带来积极影响。利用会展活动提供的平台和契机，企业得以同客户、合作伙伴等展开直接的接触交流，有助于促成双方的交易或合作。各类商品齐聚会展活动将为消费者带来更为丰富的选择，包括许多新品及核心产品，激发消费者的购买欲望，对商品销售能够起到一定的促进作用。

③ 高效性。会展在特定的时间内将各类要素集中于特定的空间中，能够大幅提升要素的传播效率，充分挖掘要素的价值，而数字经济的崛起更是为会展业带来了新的可能性。在大数据、云计算、物联网等数字化技术的支持下，会展经济得以打造出数字

会展平台，为参会者带来智慧化、现代化的全新体验，开拓新的产业发展空间。

党的二十大报告明确指出了当前以及未来一段时间内我国文化和旅游业的发展方向，现阶段，应大力发展数字经济，加快推进数实融合，积极建设数字产业集群，利用数字技术推动文化和旅游业升级转型，激发文旅行业的发展活力。

数字会展形态具有数字化、网络化和智能化的特点，可以驱动文旅行业实现高质量发展。从实际操作上来看，我国应在推动文旅融合的同时充分发挥数字技术的支撑作用，深入研究数字会展形态，探寻文旅产业在数字会展背景下实现高质量发展的有效路径，探索未来会展业数字化转型升级的有效方法。

02　会展经济与首发经济：新质生产力的双轮驱动

2023年9月，习近平总书记在黑龙江考察调研时首次提出新质生产力这一名词，强调“加快形成新质生产力，增强发展新动能”。新质生产力以创新作为主导力量，着力打造新产业、新模式、新动能，为高质量发展提供重要支撑。

新质生产力是我国经济社会发展的关键引擎，对于会展经济发展也具有重要意义，这种意义可从以下方面来理解。

（1）促进会展经济发展理念创新

新质生产力将为会展经济带来创新、协调、绿色、开放、共享的新发展理念，从理念层面确定会展经济的方向和路径，为会展经济的创新发展提供重要基础。

举例来说，新发展理念中的“创新”即强调科技创新的作用，以先进的创新成果驱动高质量发展，提升生产效率，促进产业转型升级。就会展经济而言，增强现实（AR）、虚拟现实（VR）、大数据等先进技术可在会展领域发挥重要作用，实现会展服务和会展模式的全面创新，推动会展产业迈入新的发展阶段。

再比如，新发展理念中的“协调”强调要素间的协同配合，从整体入手保障发展的平衡性，促进资源要素的合理配置，由此形成稳定完善的发展模式，为高质量发展提供牢固保障。“协调”在会展经济中具体体现为区域间的协调以及产业架构的合理化，加强不同区域在会展经济中的合作互补，发展具有区域特色的会展产业，推动会展产业的转型升级，同时处理好会展产业结构中传统部分与创新部分的关系，在加速创新的同时注重保留和挖掘传统的积极价值。

（2）推动会展经济高质量发展

新质生产力之“新”在于全新的技术和生产要素，新产业、新模式、新动能是新质生产力的发展结果，培育发展新质生产力是推进高质量发展的必然要求。因此，在新质生产力的驱动下，会展经济将沿着高质量发展的方向不断迈进。

人才是培育发展新质生产力的重要凭借，在会展经济的高质量发展中也扮演着举足轻重的角色。以金融行业为例，亚太金融高峰论坛是国内乃至国际范围内具有影响力的金融会议，每次论坛的与会人员中不乏来自各个国家的金融精英，他们在论坛上围绕各国的金融合作和共同发展进行深入对话，基于彼此间的尊重和理解推进金融领域的互利共赢。依靠人才的力量，会展经济得以充分展现其价值和作用。

会展产业可实现生产要素的聚集，推进产业内部协作或跨产业融合，有效提升资源配置效率。会展业的发展将带动会展活动的专业性不断提升，提供更加完善的功能和更为优质的服务，更好地发挥资源整合平台的作用，为要素流动创造便捷条件。在会展经济高质量发展的背景下，企业参与会展活动的目标和诉求将发生转变，在短期收益之外更多地看中长期效应，发展稳定的客户群体，树立积极的品牌形象，沿着高端化、高附加值的方向寻求转型，企业的这些举措将对产业转型升级起到促进作用。

03 会展经济赋能新质生产力发展

（1）聚集性：为培育新质生产力汇聚新要素

会展经济的特征首先表现为聚集性，即技术、产品、人才等各类要素的汇聚。企业通过参加会展活动可了解到行业的最新动态和进展，审视当前的创新环境，据此制定针对性的创新发展策略，在创新方面不断取得进展，为新质生产力发展作出自己的贡献。同时，会展活动也将为人才搭建广阔舞台，打造群英集聚的场面，精英人士的价值将在沟通交流中得到更为充分的体现，通过知识传播和意见交换引出具备启发性的创新思想，由此会展经济利用人才的集聚效应在要素方面为新质生产力提供了重要支持。

（2）互动性：为新质生产力提供新动能

会展经济是一种互动性很强的经济形态，参会者可当面进行深入的沟通交流，实现资源信息共享或是建立合作关系。一方面，会展活动的参与者多数为行业内的佼佼者，除优秀企业外还可能包括实力雄厚的研究机构，他们之间的强强联合往往能够释放出巨大的能量，从技术、应用、生态建设等方面对新质生产力的发展带来积极影响。另一方面，会展活动的参与者通常来自不同的城市或国家，因此会展经济可为区域合作创造宝贵契机，促进区域间的协同发展，以此作为新质生产力的发展动能。

(3) 集成性：助推新质生产力催生新业态

会展经济是重要的资源整合平台，各项资源的集成将形成一股合力，有力地推进产业的高质量发展，加速形成新质生产力的新业态。举例来说，依托会展活动这一平台，产业链的上下游各环节得以实现更加有效的协同，上游的技术或零部件提供商、中游的产品制造商、下游的经销商可借助会展活动了解彼此的状况，通过会展中的信息和资源深入洞察当前的市场环境，共同制定适应性的合作经营策略，实现产业链运行优化。另外，会展经济还是跨界融合的重要催化剂，各行业的投资者在会展活动的牵引下共聚一堂，使得创新型企业能够有更多的机会与投资者产生直接接触，为双方的合作提供便利。

(4) 数字化：为推动新质生产力提质增效加速

数字化技术为会展经济增添了新的元素，显著提升了会展活动的信息传递效率和服务效率。在大数据、人工智能等技术的帮助下，会展主办方能够更加精准地评估自身条件，同时准确洞察与会各方的需求，为参会者提供智慧化的优质服务，使各方得以从展会中充分受益。数字化技术对会展经济的积极作用还体现在促进协同合作上，如今越来越多的活动选择在线上举办，世界各地的参会者不必经历旅途奔波就能够彼此开展互动，极大地提升了合作的便捷性。数字化技术在开拓会展经济价值空间方面效果显著，作为数字经济重要组成部分的会展经济将对新质生产力发展起到更大的驱动作用。

第 14 章
首发经济下会展产业的高质量发展

01　理念创新：构建新型产业格局

创新是新质生产力发展的关键，在会展经济中充分利用新质生产力的创新效应，明确创新发展路径，以创新为基点切实推进会展经济的高质量发展。

具体而言，新质生产力引领下的会展经济创新发展包含以下方面的内容。

（1）定义和认知的创新

过去人们更多地将展会的功能定义为经济风向标、商品交易场所、城市会客厅等，这种定位仅仅将会展活动看作一种平台和工具，没有充分地体现出会展经济在驱动创新发展和促进交流合作方面的创造性价值。在高质量发展的要求下，政府需适时更新对会展经济的认知，全方位认识到会展经济对于经济社会发展的意义，强调其在产业转型升级、人才与知识集聚、招商引资、城市形象建设等多个维度的价值和作用，赋予会展经济以高质量发展重要引擎的新定位。

（2）展出形式的创新

会展活动的内容是多样化的，涉及各种类型的话题，各项内容之间还可能呈现出冲突性，因此会展主办方要为不同的内容设计适合的主题，根据内容的性质和特征选择展览的区域和展出形式。在会展形式创新方面，主办方可充分利用各种先进技术，包括大数据、人工智能、增强现实、虚拟现实等，丰富办展方式和内容呈现形式，以智慧和创新为引擎提升参会者的观展体验，这将对会展经济高质量发展产生积极影响。

（3）办展理念的创新

过去的会展活动具有比较明显的专门性和垂直性，多面向特定的行业领域，这种模式有利于业内资源的整合，充分展现会展活动在促进行业发展方面积极价值，不过该模式也存在一定的局限性，没有能够充分发挥会展经济辐射带动作用。因此，在未来应对办展理念作适当更新，采用垂直和跨界相结合的方式，鼓励来自多个领域的参会者入场，深入拓展展会内容，打造更多高质量的综合性展会，为产业联动和要素流通创造更为广阔的平台，起到提升会展影响力的效果。

02　科技应用：打造智能会展生态

新质生产力强调科技创新的主导作用，相应地会展经济应积极拥抱科技创新以实现高质量发展，充分利用先进科技成果构建更加优质的会展生态。以科技促进会展经济发展，具体的措施主要有以下几项。

（1）建设智慧化场馆

作为会展活动的基本实现载体，场馆在一定程度上决定着会展经济的发展质量。在5G、大数据、物联网等先进技术的支持下开展智慧化场馆建设，推动场馆在环境氛围、服务质量、运行效率等方面取得进步，为参会者带来更好的体验，进一步开发会展活动的商业价值。

① 按照智能化的要求对硬件设施进行必要的升级，引入智能传感器、智能控制系统等智能化设施，自动调节场馆内的温度、亮度、湿度等，并实时监测场馆内的异常情况和风险隐患，为参会者营造舒适安全的环境。

② 借助大数据技术分析参会者的构成和需求，据此确定会展

的形式，为参会者提供更加精准的服务。

③ 利用数字化技术实现会展活动的智慧化管理，通过数据分析、趋势预测等手段制定合理的商业运行策略，对运营成本实施有效控制，提升会展经济的盈利水平。

(2) 构建智能化会务管理系统

会务管理是会展经济发展质量的重要影响因素，会展主办方应充分利用最新科技成果推出智能会务管理系统，以智能化为引擎提升会务管理的效率和质量，将智能管理贯穿会展活动的整个流程，使全体参会人员在展会进行期间始终能够享受到高效优质的智能化服务，提升参会者体验，这有助于塑造积极的展会形象。

在开发智能会务管理系统时，应注意全面覆盖会展活动管理的各项工作，包括活动策划、报名和参会人员管理、展区管理、现场调度、互动管理、数据整合处理、会后回顾等，其中现场调度关系到会展活动的进行状况和参会者体验，需要主办方特别重视。

针对现场管理环节，主办方需配备实时监测功能，维持会展的正常秩序，为参会者提供必要的服务，比如路线引导、信息查询、内容推荐等，现场管理更为重要的职责在于确保会展活动的安全，及时准确地识别会展现场存在的风险隐患，对异常或突发情况作出迅速处理，做好安全保障这一最为紧要的根本性工作。

03　开放共享：打造独特会展品牌

新质生产力引领下的会展经济应遵循新发展理念，树立开放共享意识，以开放的姿态拓宽发展路径，建设具有影响力的优质会展品牌，提升会展产业的发展质量。具体而言，会展经济的开放发展需从内部和外部两个维度入手。

（1）对内促进会商文旅体展联动发展

对内推进跨产业联动合作，引导会展活动与商业、文化、旅游、体育等各项产业结合，充分发挥通力合作带来的优势，为会展经济的创新发展注入动力，在具体措施层面，政府应采取适当有效的政策措施助力会展经济领域的产业合作，通过税收减免、财政补贴、流程简化等方式鼓励开展合作活动。同时，政府还应积极承担统筹管理的职责，在产业合作的过程中给出有益的指导，依托本地的经济、文化、自然环境等各项资源扩大会展活动的影响力，为产业融合创造有利条件。此外，会展活动的主办方要做好组织和协调工作，服务于产业合作的需要完善基础设施建设，基于产业融合开发各类优质项目，比如文化旅游、会展旅游等，充分挖掘会展经济的价值和潜力。

(2) 对外大力开拓国际市场

会展主办方可充分发挥互联网等平台的传播作用，面向全球大力推广会展活动，让会展的影响力扩散到整个世界。推进会展国际化是实现会展经济开放发展的必要手段，会展经济的“出海”有助于扩展其业务空间，在推动合作交流方面释放出更为强大的动能，同时对外开放还能够使会展业接触到更多来自世界各地的优秀成果和先进经验，对会展经济的高质量发展提供助益。

04 绿色发展：实现绿色会展经济

为实现高质量发展的目标，会展经济应积极贯彻新发展理念中的绿色发展理念，树立绿色发展意识，形成低碳环保的发展模式。城市治理在绿色会展经济的推进过程中发挥关键作用，具体需通过以下措施实现会展经济的绿色发展。

政府需在会展经济领域大力倡导绿色发展理念，对会展活动主办方提出环保节能的发展要求。在策划展会的过程中，主办方应树立环保节能意识，自觉将绿色发展理念贯穿策展工作的始终，形成有效的绿色策展路径。主办方可通过人才建设和企业合作为绿色策展提供有力支持，在策展工作人员中引进更多环保意识强、环保知识丰富的人才，打造符合绿色发展需求的人员队伍，同时加强与绿色环保类科技企业的合作，从企业处获取成熟可靠的环保节能手段，制定完善的绿色发展方案。

从会展场馆建设入手落实绿色发展理念，选用绿色环保材料建造场馆，降低场馆建设产生的资源消耗，同时做好会展活动的回收处理工作，减少垃圾带来的危害，并通过垃圾的循环利用达到节约资源的效果。

在会展期间倡导绿色环保的生活方式，主办方应发挥好引导作用，号召鼓励展会工作人员和参会者使用绿色出行方式，如搭乘公共交通工具、骑自行车等，同时减少一次性用具的使用，从日常行动做起践行绿色发展的理念。

总之，新质生产力对于会展经济有着重要的引领作用，是促进会展经济高质量发展的重要引擎。在未来应持续推进新质生产力与会展经济的结合，贯彻落实创新、协调、绿色、开放、共享的新发展理念，从优化产业格局、促进生态完善、塑造品牌形象、倡导绿色环保等多个层面入手提升会展经济的发展质量，为整体经济社会的发展提供助力。

第 15 章
数字会展与文旅首发的融合路径

01　数智赋能：会展首发的经济新形态

数字会展融合了数字技术和线下展览活动，大幅提高了展览的数字化、网络化和智能化程度，打破了时空对会展活动的限制，充分保证了会展活动的高效性和灵活性，让各方参展人员都可以随时随地通过网络平台进入并体验展览活动。

不仅如此，数字会展还具备线上数据抓取、产品全方位展示以及线下与用户直接对接等功能，可以线上线下互相协同，在线上为企业打造良好的企业形象提供支持，在线下为用户提供实时体验。与此同时，数字会展还将展示、交流和互动等环节转移到线上，以更加生动直观的方式向观众展示各项相关数据和信息，驱动文旅产业快速发展。

数字会展是一种新型会展形态，也是数字技术在会展业的综合应用，具有数字化、网络化和智能化等特征，可以充分发挥数字技术的作用，构建虚拟的会展环境，让参展商和观众可以通过网络平台在虚拟环境中交流合作、参与展览和商务活动。

（1）虚拟化展览环境

在虚拟化技术的支持下，数字会展可以在虚拟空间中构建出包含展厅、展位、展品等内容的虚拟展览环境，分别为参展商和观众提供线上展览和线上观展服务，并借助虚拟现实、增强现实等先进技术提高虚拟场景的真实性，优化参展人员的体验。

（2）跨时空参与

数字会展利用各项新兴技术打破了时间和空间的限制，将举办展览、洽谈合作、观看展览、交流互动等转移到线上，支持参展商和观众在任何时间、任何地点通过网络平台参与会展活动。总而言之，数字会展既可以促进产业链上下游企业互相交互，互相协作，也可以为国内外企业及客商的交流合作提供支持。

（3）互动性和社交性

数字会展为参展人员提供在线聊天、视频会议、留言板等工具，支持参展商和观众通过网络平台在虚拟环境中进行实时的互动、交流、合作。

（4）数据分析与智能推荐

数字会展融合了数据分析、人工智能等多项先进技术，可以广泛采集各参展人员的数据信息，并通过对这些数据的分析掌握参展人员的兴趣和需求，有针对性地提供相应的服务和推荐，帮助参展商寻求潜在合作伙伴，为观众找到符合兴趣的内容和产品。

（5）可持续性和成本效益

在数字会展中，参展商无须搭建实际展台、租赁实体场地，减少了物流、能源和资金支出；观众无须去往展览所在地，免去了许多费用支出。总的来说，随着互联网、大数据、人工智能和云计算等数字化技术的快速发展和广泛应用，数字会展将成为未来展览的主要形式。

02 智能升级：文旅产品的数字化升级

在数字化时代，各行各业逐步从面向产品转为面向用户，产品和服务的个性化和智能化程度也大幅提升，对文旅行业来说，若要做好游客公共服务，就要进一步挖掘游客的需求，了解游客的兴趣。

① 在数字会展平台的支持下，各个旅游场所可以设置包含线

上参观、互动体验、智能导览等多项功能的智慧旅游展览，为游客获取相关信息提供方便，同时也可以优化游客的旅行体验。数字会展融合了数据分析和机器学习算法，可以根据观众的兴趣和需求向其推荐展品和旅游服务。在虚拟展厅中，观众可以获取景点介绍，了解目的地的特色美食，制定个性化的旅游方案。数字会展以数字化的方式将会展与文旅相结合，为游客出行以及文旅产业的发展和管理提供了方便。

② 数字会展具有一定的数据采集和分析功能，可以广泛采集参展商和观众的各项数据，并通过对这些数据的分析掌握各方参展人员的兴趣偏好、游览需求、消费习惯等信息，为文旅企业明确市场定位、把握市场发展趋势和制定销售策略等提供数据支撑，提高文旅产业决策的科学性、合理性和有效性。

③ 在数字会展打造的虚拟空间中，文旅企业可以进行商务洽谈和合作，参展商可以与潜在合作伙伴进行线上洽谈和签订合约，进而达到提高商务合作的数字化程度和高效性的效果，为构建多主体协同的文旅产业发展格局提供支持。总而言之，数字会展有助于文旅产业实现数字化、智能化，可以促进决策走向智能化，旅游服务走向定制化，为观众提供个性化的展览体验，为各方参展人员的交流互动提供方便，为文旅行业开展跨地域推广工作提供支持，为文旅企业带来更多发展机会，进一步增强文旅产业发展的可持续性。

03 体验升级：打造沉浸式旅游体验

用户的文旅体验是影响文旅项目口碑的重要因素，也是文旅产业发展的一项关键指标。为了有效优化口碑，促进正面宣传，文旅行业需要加强技术创新，充分发挥AR/VR等数字技术的作用，为用户提供“沉浸式”的旅游体验，提高用户满意度。从实际操作上来看，近年来，数字技术飞速发展，许多旅游景点开始引进各类数字化技术和设备，为游客提供高质量的旅游体验。

① 文旅行业利用高精密数码技术根据景点实际情况打造“互动情景”，通过数字化与文旅相结合的方式向游客直观展示各项传统文化。以西安为例，当地文旅部门将VR技术与城墙相结合，推出“看‘新花样’”项目，为游客带来沉浸式的游玩体验。

② 文旅行业利用数字化技术开展各项实时虚拟交互式活动，如实时虚拟人互动演出、虚拟讲解等，创新旅游模式和文化艺术传承发展方式，为游客提供沉浸式体验。以2019年世界园艺博览会为例，主办方充分发挥数字技术的作用，搭建不受时间和空间限制的虚拟会展平台，让广大用户可以随时随地通过网络来参观博览会。

③ 文旅行业将虚拟现实技术应用到各个旅游景点和项目当中，让参观者可以通过网络平台在线上参观旅游景点，体验旅游项目，并与其他参观者交流互动，不仅如此，还可以充分发挥增强现实

技术的作用，对文化遗产进行虚拟化处理，并将其呈现到现实场景当中。

④ 文旅行业利用数字化技术开发数字博物馆 App、设计文博类 AR 卡片并对文物进行虚拟可视化处理，为游客游览提供方便，让游客可以沉浸式观看文物、感受传统文化，推动整个行业创新发展。

04　品牌升级：本地产业与IP深度融合

旅游是一种文化体验，文化是旅游的重要组成部分，二者密不可分。对文旅行业来说，为了实现文旅双向促进，需要将本地产业与知名 IP 融合，推动文旅产品品牌升级，借助品牌效应带动当地消费。

① 文旅企业可以与知名 IP 合作，围绕这一 IP 共同开发虚拟展览、互动体验等活动，为观众提供以该 IP 为主题的游玩体验，也可以在获得 IP 授权后与本地产业建立合作关系，根据 IP 形象和本地特色推出相应的数字会展产品。“IP+ 本地产业”的文旅发展模式有助于激发大众对文化设计的热情，增强地方文化活性，也可以更好地打造具有当地特色的文化名片，为当地文化输出提供支持。

② 文旅企业可以利用数字会展技术为观众提供个性化的互动体验。在数字会展中，观众可以参加各项虚拟游玩活动，如虚拟游戏、互动演出等，也可以与 IP 形象进行互动，进而达到提升观

众的参与感和体验感的效果，不仅如此，还可以充分发挥本地产业特色，以数字化的方式带游客体验当地文化。

③ 文旅企业可以与其他行业的企业进行合作，进一步加大品牌推广力度，提高品牌的影响力和知名度。从实际操作上来看，文旅企业可以与动漫公司、电影制片公司等展开合作，借助数字化技术将文旅元素融入电影放映、角色扮演、周边商品展销等过程中，创新多种营销推广方式，并借助数字化营销来扩大品牌影响力，提高自身文旅项目对游客的吸引力。

综上所述，数字会展可以有效融合本地产业和知名 IP，增强当地文化对游客和观众的吸引力，为游客提供独特的数字体验，提高品牌的口碑和知名度，促进文旅产品品牌和本地产业发展，有效推广本地文化，助力本地文化与 IP 携手共赢。

05 人才培养：首发经济驱动的专业能力

现阶段，会展业正处在数字化转型的关键期，亟须构建完善的数字会展人才培养体系，加大数字人才培养力度，增加数字人才储备，以便有效支撑文旅产业实现可持续发展。

① 建立专业培训机构，设置专业的培训项目，开设系统化的培训课程，从数字会展的设计、技术应用和市场推广等多个方面入手对从事数字会展的人才进行高质量培训，提高从业人员的专

业素养和技能水平，在人才方面为发展数字文旅提供支持。

② 搭建数字会展实践平台，如虚拟导览平台等，为相关专业的学生提供良好的实操环境和积累实践经验的机会，帮助学生在实践中学习相关知识和技能，掌握数字会展操作流程，增强专业能力，并鼓励学生积极创新，积极参与跨学科合作项目交流等活动，不断探索新的展示形式，研究新的技术应用，从而在人才和智力方面助力行业创新发展。

③ 重视教育培养，优化完善数字会展相关专业的教育培养体系，与高校、职业教育机构建立合作关系，共同制订科学合理的人才培养计划，编写高质量的教材，开展各项实训活动，为相关学科学生的实习和就业提供帮助，并以产教融合、平台搭建等方式提高人才的专业水平和创新能力，以便在人才方面为数字化发展提供强有力的支持，提升数字会展行业满足市场需求的能力，助力文旅产业实现创新可持续发展。

先进的数字技术是促进文旅行业发展的重要动力，在文旅行业发展过程中发挥着至关重要的作用。近年来，大数据、互联网等新兴技术飞速发展，为数字会展业的发展提供了技术层面的支持，同时数字会展也可以在一定程度上提高文旅业的数字化转型速度，推动文旅产业实现高质量发展，并在其他产业的数字化转型过程中起到一定的示范作用。

第六部分

首发经济
激活文旅
消费新动能

SHOUFA JINGJI

第 16 章
首发经济与文旅经济的深度融合

01　文旅消费：首发场景下的体验升级

首发经济具有较强的创新性，可以提升消费者的消费热情，有效促进消费增长。文旅产业是一个在创新创意方面有一定要求的行业，可以借助首发经济来提升发展活力。

首先，从文化的维度上来看，文旅产业可以开展各类首发活动，如文艺作品首发、艺术展览首发等，利用首发活动吸引更多热度和流量，以便获得更高的客流量和收入。例如，张艺谋与美高梅中国合作，共同推出创新舞台表演剧目《澳门 2049》，利用该活动吸引游客，并在开展活动的同时发布相关创新产品，如相关文化的衍生品、旅游纪念品等，借助演出相关产品促进游客消费。

其次，从市场的维度上来看，首发旅游产品可以有效刺激游客的消费欲望，文旅产业应积极把握市场机会，从自身优势资源出发，不断开发新的旅游线路、旅游产品和旅游服务，打造新的旅游品牌，革新发展模式，增强整个文旅产业的吸引力和竞争力，吸引更多游客购买产品和服务，以便借助首发经济拉动文旅消费。比如，哈尔滨深入挖掘当地冰雪资源，大力发展冰雪经济，开设用于观赏自然风光和体验冰雪项目的旅游线路，围绕“冰雪”开发各类旅游产品和旅游服务，吸引游客前来消费。

那么，对于文旅产业来说，如何抓住首发经济的红利呢？

（1）提升文旅项目的品牌价值和吸引力

在首发经济的拉动下，文旅行业迎来发展的“黄金期”，各类品牌首店的落地能够对其所在地的文旅项目高效赋能，吸引大量游客涌入，为当地相关产业的发展提供了牵引力，同时也担任着项目背书的角色，侧面展示出项目强大的商业支撑能力和发展潜力。

以北京首钢园为例，作为遗留的城内老工业区，该项目将首发经济作为绿色转型升级的引擎，通过引入奈尔宝、理想汽车、THE WOODS Café、SeeSaw等不同级别的首店，组织冬奥、科技、文化等方面的首发及首秀活动等完成了旧工业遗存的改造，成为京西经济发展的一颗新“明珠”。

（2）推动文旅行业的创新升级

首发经济本身孕育着新的业态类型、新的商业模式以及新的产品和服务，通过与文旅经济融合，一方面能够借助文旅经济所覆盖的市场领域为自身的创新性因素寻找载体，推动新项目的落地与市场化；另一方面这些创新因素的本身契合了文旅经济转型升级的需要，能够为文旅经济的发展提供新的思路和方向，进而创造新的经济增长极，取得“1+1＞2”的效果。

（3）促进文旅消费的多元化和高品质化

首发经济的繁荣能够带动文旅消费的高端化升级，提升文旅行业的市场覆盖能力。首发经济本身对消费市场变化有着极强的适应能力，是消费市场的引领者，能够满足当下消费者多样化、个性化、潮流化的消费偏好，而文旅经济与首发经济的融合则能够将高品质、多元化的产品和服务嵌入文旅项目内部，从而实现文旅项目整体层次的提升，为消费者提供极致的体验。

（4）加强文旅与多种经济的融合发展

凭借自身的灵活性和开放性，首发经济能够成为文旅经济对接其他类型经济的窗口。通过举办文旅产业内部产品的首发活动、开设文化首店、组织文化作品首展等方式，文旅产业能够快速实现产品和服务的“破圈”，从而在短时间内赢得大量关注。此外，通过和知名品牌联名，文旅经济能够进一步拓展用户边界，以获得更大的价值创造空间。

比如在东北地区，文旅产业可以将首发经济与冰雪经济相结合，如举办首发的冰雪赛事、冰雪音乐节等活动，利用首发活动吸引更多游客，刺激游客消费，促进产业发展。除此之外，文旅产业还可以将首发经济与银发经济结合，深度分析各项资源特点，并在此基础上开发养生旅游、文化体验旅游等首发旅游产品，充分满足老年人的旅游需求。

02 数字技术引领文旅产业革新

近年来，人们的精神需求日渐提升，在外出旅行休闲等方面的消费意愿也越来越高，作为满足人们精神需求的重要领域，文旅产业正在这一环境下快速发展，与此同时，我国在宏观政策方面对提振消费的支持政策将对文旅产业的发展起到一定的促进作用，文旅行业也要积极采取相应措施，牢牢把握相关政策带来的发展机遇。

一方面，文旅产业应创新多元化消费场景。从实际操作上来看，应充分把握地域特色和文化元素，分析消费需求，提高消费场景的多样性，积极把握提振消费带来的机遇，通过在场景、体验、模式等方面的创新来吸引游客，进一步增强发展活力，提高消费等级。对于历史文化名城，文旅产业可以打造沉浸式的历史文化体验场景，为消费者提供身临其境般的游玩体验，亲身感受历史文化；对于自然风景区，文旅产业可以打造户外探险、生态度假等多种场景，为游客提供深入自然的户外互动体验。

另一方面，文旅产业应扩大服务消费。文旅产业涉及景点游览、餐饮、住宿、购物、娱乐等多个方面的各项服务，在发展过程中，需要进一步提高服务的质量和内容丰富程度，优化完善产品链条，增加具有地域特色的文旅产品。例如，淄博文旅和哈尔滨文旅均面向消费者需求不断优化完善消费服务，通过提高服务品质和服务内容的丰富性等方式增强游客消费意愿，提升游客满意度，进而获得更多流量，达到扩大消费和增加收益的效果。

随着数字化时代的到来，各类新型电子设备、智能娱乐设备改变着人们的生活，同时也在慢慢重塑着我国的经济发展格局。2023年，国家发展和改革委员会修订发布了《产业结构调整指导目录》，其中，可穿戴智能文化设备、沉浸式体验、数字音乐等都被收录在内，这充分显示出数字技术及其相关产业在我国经济高端化转型过程中扮演的重要角色，同时，数字技术的进步也为文旅产业的高质量发展提供了新契机。

（1）沉浸式旅游

沉浸式旅游是数字技术赋能下文旅产业诞生的新业态。在消费升级和融合经济发展的当下，丰富产品供给，注重体验升级，获得消费者的深度情感共鸣成为市场对文旅产业的新要求，在此背景下，数字科技与旅游项目融合而推出的沉浸式旅游能够充分发挥出科技对产业进步的推动作用，促进消费者的体验升级，拉动关联产业的发展，同时用科技项目落地所产生的价值反哺科技研究，推动形成经济发展与科技进步“双赢”的局面。

（2）**博物馆展览**

数字技术能够助力文旅产业盘活博物馆资源，优化文物、艺术品的呈现效果，带给参观者沉浸式的体验，使各类博物馆、艺术馆的展出更易被消费者接受。比如，上海鲁迅纪念馆举办的“书海拾珍——传统文化主题藏书票展”使用数字大屏向参观者展示书票的发展史；上海图书馆东馆举办“书海千里·江山有声”主题沉浸式AR展，通过AR地图、有声书、历史影像等技术让优秀作品中的画卷真实地再现在参观者眼前。

（3）**文旅元宇宙**

当下，各类数字建模技术、AR、VR技术能够有效实现旅游资源的线上化、数字化迁移，让文旅产业打破时间和空间的限制实现线上线下融合供给，并为文化资源的开发提供更多的思路。文旅元宇宙的打造，一方面能够扩大文旅产业的市场空间，催生新业态、新模式；另一方面能够更好地通过数字空间整合我国优秀的传统文化资源，突出文化资源的体系化特点，有利于文化的传承与保护。

（4）新演艺

当前，演艺市场的“洼地效应”有所减弱，从城市分布上来看，一、二线城市对演艺活动的垄断情况有所改变，三、四线城市迅速崛起为新的演艺活动举办地；从演出种类和数量上来看，演出的多元程度更高，大型音乐节、演唱会的饱和度增强；在日期分布上，演艺活动的举办频率提高，在节假日消费中所占的比例提升，受众群规模进一步扩大；从业态模式上看，小众化、个性化的小剧场数量攀升，“演出+旅游”“演出+互动休闲”的融合性特征明显。

（5）时尚集市

不同于标准化、规模化的大商场，氛围轻松、富有烟火气的线下消费市集走出了一条差异化道路，以另一种“亲民”的方式渗透入年轻人的生活。分布在大大小小城市街区中的创意市集形成了独特的城市风景线，在消费市场的功能之上还承担着彰显城市气质、展示城市文化、促进公共社交的重要任务，除了能带给消费者物品供给，还为其提供着情绪慰藉，也是城市文旅纵深化、持续化发展的重要切入点。

03 【案例】山东“首发+文旅”的乡村振兴实践

近年来，山东在首发经济和文旅经济融合的探索中取得了一系列可喜成果。

从发展逻辑上看，自2008年提出“好客山东”旅游品牌后，山东凝聚全省文旅企业力量，全面整合省内文旅资源，以“好客山东”区域品牌为“主干”，以各地市、知名景区文旅资源为“枝叶”，以富有地域特色的旅游产品和服务为“果实”，打造山东文旅“常青树”。2020年，山东进一步提出“好客山东 好品山东”的区域公共品牌，围绕山东地理标志这一核心，构建企业、行业、区域品牌扩展网，将区域文化特色与文旅价值凝入产品之中，推动产品走向全国，共计推出产品品牌427个，线上经济兴起后，山东进一步抓住机遇，线上线下双线并行，让产品乘势出海，走向全球。

2022年，山东进一步提高对本省文化资源的开发深度，启动“山东手造”项目，将文化传承保护与文创产业发展相结合，打造非遗传承、传统手工艺等多条产品线，加速推动省域手造品牌的形成，实现文化活态传承，将手造产业培育为省内文旅经济发展新的增长点。

此外，山东还将发展“首店经济”作为实现省内经济高质量发展的一项重要任务，积极拓展省内消费市场边界，加快新业态的培育，促进新商业模式的形成。根据搜狐数据，山东2023年共有199家品牌首店进驻，其中包括4家全国首店、2家华东首店、61家山东首店及132家城市首店。其中，青岛为山东新开首店数量最多的城市，新开首店数量占全省首店总量的62%，济南则以20%的新开首店数量位居第二。

（1）持续做强“山东品牌”

① 以品牌为引领，进一步巩固“好客山东 好品山东”“山东手造”等本省原创老品牌，同时在此基础上通过跨界融合、模式创新等方式积极拓展新的文旅品牌，保证省域文旅品牌品类的丰富性，形成系列化的品牌矩阵。同时遵循“全方位，严要求”的原则，多方面切入，做好产品设计、口号宣传、旅游文创创新、文旅活动策划等方面的精细化打磨，完成各环节要素的优质化、高端化升级。

② 打造本土“首发品牌”，发展省域自有IP，不断为本省文旅产业发展注入新活力，提升产业发展后劲。聚焦泰山、大运河、齐长城、曲阜孔庙孔林孔府4处世界文化遗产，打造具有区域特色的创新性场景，同时通过开发手工艺产品生产线、组织特色演出活动等方式盘活剪纸文化、皮影文化、民乐文化，借助文化形

态进行价值输出，提高文旅品牌的心智占领能力。

（2）丰富文旅首发产业供给

① 借助文艺作品的首演活动，打造具有高附加值的文艺作品。深入扎根本地传统文化土壤，依托本地政府文化建设项目打造本土高水平艺术家团队，提升文艺作品供给能力，同时推动山东成为戏曲、音乐剧、舞台剧等艺术活动的首演地。

② 通过引入文娱作品首秀，将优质的时尚文化、潮流文化供给作为本区域文旅产业的发展亮点之一，在济南、青岛等省内发达城市打造全国乃至国际闻名的时尚秀场和演出中心，吸引我国港澳台和国际明星艺人来省内演出，推动形成文旅产业新高地。

③ 通过持续在山东文旅博览会首展方面发力，将山东打造为高势能的文化博览中心，推动中国国际文化旅游博览会的高质量发展。加强省内博览会平台建设，整合各类博览资源，以“好品山东”“山东手造”等本土品牌为抓手，不断发力，提高省域品牌对全国市场的辐射能力。

④ 通过组织“文旅＋体育”结合的首赛活动，打造高势能的体育活动承办中心，通过首赛集聚大量游客，并为本省的旅游、服务业等关联行业输送流量。

（3）培育首发文化旅游精品

① 依托本地丰富的自然景观资源，打造省域特色自然旅游项

目，如青岛、威海、烟台等地可以利用海洋旅游资源发展滨海风景游、海洋文化游；泰山、崂山、龙口南山则可以发展文化与自然景观相结合的山区文化游、山区景观游。

② 整合红色文化资源，针对沂蒙山、台儿庄、刘公岛等红色胜地推出定制化的红色旅游项目，为全国游客讲好红色故事。

③ 加快推进县域经济发展，加强县、乡、村级区域的消费市场建设，提升其服务供给能力，深入发掘县域文化旅游资源，打造全国乡村旅游示范基地。

④ 联动文旅与教育，将省内丰富的博物馆、历史建筑、历史文化名城、名街、文化遗址、非物质文化遗产通过“民族叙事”“历史叙事”“齐鲁叙事”的方式转化为教育资源，打造相关的研学旅游产品和文化教育产品。

（4）创新文旅首发消费模式

① 借助AR、VR、人工智能等新兴技术赋能旅游景区、博物馆、休闲街区等文旅空间，优化用户浏览体验，同时通过文旅元宇宙项目完善省内文旅产业体系，打造文旅产业新的增长点。

② 发挥首店、文旅和商圈的相互促进作用，通过引进首店，提高本省文旅的大众认可度和美誉度，从而进一步提高省内文旅的游客抓取能力，在此基础上，建设具有辨识度的地标性商圈，进一步承接客流，引领省内文旅消费升级。培育“齐国礼物·礼

享淄博”等“好品山东”品牌下的自有首店，让游客“走进来”，让产品“走出去”。

③ 抓住机遇，不断提升省内城市、景区的吸引力，推动本省跻身国内高优先级旅游省份行列，加强公共服务的高质量供给，提升文旅管理效能、服务水平，打造国内乃至国际层面都具有高影响力和高美誉度的文旅强省。

第 17 章
红色文旅的首发经济发展路径

01　路径1：深度挖掘红色文化资源

红色文化是蕴含着深厚的革命精神的先进文化，具有较强的中国特色。旅游产业是我国重要的社会经济产业，也是一个具有综合性强、层次多、功能全等特点的“朝阳产业”。就目前来看，县域红色文化与旅游产业的融合发展既可以弘扬红色文化，丰富人们的精神文化生活，也可以为文旅产业和县域经济的发展提供助力，推动乡村振兴，提升农民的收入水平和文化遗产的保护传承水平。因此，在数字县域发展的过程中，需要重视县域红色文化与旅游产业的融合发展问题。

县域红色文化遗产指的是某一区域内与中国共产党革命斗争关系密切的文化资源，大多能够反映出“红色精神”。为了有效传承和充分利用红色文化，我国需要深入了解县域革命历史事件，研究红色文化的意义，理解英烈精神，深度把握红色文化的内涵和价值，并深入挖掘红色文化，加大对相关人员的培训力度，强化相关人员学习和传承红色文化的积极性。

党史、新中国史、革命史是红色文化资源的重要源泉，红色革命纪念地、历史档案、红色书刊是红色文化资源的重要载体。很多县域文化土壤内都埋藏着丰富的红色文化资源矿藏，因此要凝聚高校、人文研究院所、民间收藏者等多方力量，通过用好外部智库与专家资源实现红色基因的提取。

红色文化遗产的保护应注重整体性，尊重红色文化资源的历史逻辑，以红色文化资源为依托，通过打造红色文化景点、红色教育基地等，保证红色文化在时间与空间上的立体度。在功能设计上，应进一步强化红色文旅产品的需求适配能力，让产品精准对接不同群体的多样化需求；细化精神价值的传递粒度，将革命精神、历史文化以更细腻、更易于感知的方式呈现给游客。持续推动文旅融合向纵深发展，打造富有影响力的红色文旅品牌，实现文化传承与经济发展的同频共振。

在挖掘和开发县域红色文化资源的过程中，应做好各项相关工作。首先，需要展开系统调研和甄别工作，探寻具有红色历史意义的地点和人物，了解相关事件，并评估各项红色文化资源的价值；其次，需要对红色文化资源进行保护、修缮、展示和利用，并在这一过程中推进红色文化的传播和传承工作；再次，需要出台、修订和执行相关政策法规，在法律和政策层面为红色文化资源保护提供支持，为红色文化资源的挖掘、保护、利用和发展提供充足的保障；最后，还需要培养和引进高质量的县域红色文化资源挖掘团队，建立专业的研究机构，大力推进红色文化资源的挖掘和研究工作。

02 路径2：创新红色旅游产品供给

在推动县域红色文化与旅游产业融合发展的过程中，需要采取各项重点支持措施，驱动县域红色文化旅游产品创新，并进一步提升产品的多样性。

一方面，应充分发挥政府的引导和支持作用，推出相关政策，为县域红色文化与旅游的融合发展指明方向，并设置明确的发展目标，同时也要在政策方面提供一定的指导和支持。从实际操作上来看，可以为县域旅游产品创新提供一定的税收优惠和财政补贴，激发相关企业和个人的创新热情，鼓励其增加在产品创新方面的投入；也可以培养和引进具有较强创新能力的专业人才，在人才方面为县域红色文化旅游产品创新提供支持。

另一方面，应充分发挥政府的宣传和推广作用，通过政府宣传来提升县域红色文化旅游产品的知名度和影响力，以便实现大规模的旅游产品创新。从实际操作上来看，可以开展各类以红色文化旅游为主题的活动，通过活动来宣传各类红色文化旅游创新产品，并将这些产品推介给游客和旅行社，进而达到扩大产品知名度和提升产品美誉度的效果。

新技术的发展推动了文化产品形态的丰富，各种富有创意性的文旅产品在拉动青年群体文旅消费方面发挥着重要作用。随着青年群体成为文旅消费的中坚力量，文旅产品的设计也要切中青少年群体的偏好与需求，更好地获得其认同与喜爱。红色文旅的文化底色决定了教育性是其重要属性，因此需要通过新技术促进其教育功能的发挥，通过人工智能、VR、3D打印等给用户带来多元化的体验，提升红色文旅的吸引力。

以光山县为例，为更好地使红色文化与当下的经济业态相融合，该县文殊乡花山村与知名剧本娱乐行业龙头企业洛阳卡卡展开合作，创造性地推出了红色剧本体验馆项目，同时多线推进光山特色党建/团建模式、光山红色研学文旅和实践教育系统等项目。该红色剧本体验馆项目借鉴了市场上流行的“剧本杀”文娱模式，参与者以任务为驱动，在剧本的指引下完成故事线演绎，重温革命历史，趣味性与教育性较强。通过这种模式，体验馆帮助消费者们实现了从当下到革命历史时期的“穿越”，通过高度还原的故事剧本、真实逼真的场景创设让他们“感受历史”“经历历史”。此外，这类体验馆往往还会联动区域内红色遗迹的子项目，以红二十五军长征决策地“花山寨会议”旧址为背景的定制化剧本、沉浸式小剧场、沙盒游戏等均获得了很大成功。

除了变资源优势为经济优势，红色文化的价值体验还体现在其价值塑造与精神引领方面。因此，在红色资源的开发过程中还应追求纵向深入，应在呈现的基础上追求更深层次的理论阐释与意义升华，推动红色文化滋润人心。应进一步提升红色文化产品的覆盖面，针对党员干部、青年群体和其他群体等推出多种产品形式。同时加强红色文化与教育活动、文化生活的结合，通过思政课、红色会演等方式发挥其教育功能。在红色文旅项目的规划过程中，应聚焦在革命传统教育、爱国主义教育、思想道德引领等维度来推出系列产品，通过打造产品矩阵构建多层次、全方位的红色教育体系，让红色文化在价值教育领域焕发光彩。

03 路径3：培养红色文化传播人才

红色文化旅游既是一种旅游形式，也是一种文化传承和教育手段，可以带来深远的社会影响和显著的经济效益。为了充分满足游客需求，促进红色文化旅游良好发展，需要采用各种手段，加强对相关从业人员的培训和教育，提升从业人员的专业素质和服务水平，优化游客的游玩体验。

从实际操作上来看，首先，可以设立专业的培训机构，开设培训课程，为从业人员提供系统化的培训服务，通过培训来提高从业人员的知识技能水平和沟通能力，增强从业人员的服务意识和沟通技巧；其次，可以开展相关交流活动，安排经验丰富的专家和从业者分享经验，为其他从业人员的工作提供指导，以便广大从业人员从中学习，进一步提升专业水平；最后，可以为从业人员提供工作岗位，让从业人员可以通过实践来实现自我提升，在实践过程中不断增强在服务和沟通等方面的能力。

红色文化传播人才是发挥红色文化资源价值的重要抓手。作为文化产业重要的内容生产主体、创意设计主体和产品研发主体，文化产业特派员在县域红色文化挖掘与红色文旅发展中扮演着重要角色。文化和旅游部等六部门在2022年4月联合印发的《关于推动文化产业赋能乡村振兴的意见》中明确提出，“鼓励各地结合实际，探索实施文化产业特派员制度，建设文化产业赋能乡村振兴人才库。”县域红色文化资源的开发离不开人才、投资与资源的多方联动，文化特派员通过项目串联起文化产业发展的各方要素，提升文化资源开发的科学性与系统性。

例如，河南省光山县以全域红色研学为切入，开展文产特派员的培育工作，为区域内红色文旅项目的开发提供了人才支撑。自工作开展以来，先后有60余支预选团队、40个特派预选项目进入光山洽谈合作，其中已顺利落地14个项目，开辟了红色文旅创新性发展的新模式，衍生出一批具有光山特色的文化产业品牌，为全国红色文旅产业发展提供了实践典范。在红色文化资源开发方面，邓颖超祖居、“王大湾”会议会址纪念馆、“花山寨会议”等一系列红色资源都得到了创造性开发，既实现了对红色遗址的保护，又让红色文化在商业经济中创造了新的价值。

04　路径4：推动红色文化资源整合

自党的十八大召开后，党中央对红色文化建设予以了充分重视，习近平总书记曾多次作出重要批示，并亲临具有红色传承、红色历史的红色景区考察，游览革命胜迹，他曾多次强调，要保护好、开发好、利用好红色文化资源，赓续红色文化血脉。2019年9月，习近平总书记在鄂豫皖苏区首府所在地河南省信阳市考察时曾指出，要用红色文化资源与绿色生态资源托举起乡村旅游，盘活乡村经济，以之作为乡村振兴的重要实践路径。

新的经济发展背景下，构建红色文化和旅游经济的双向互融新模式，是深度挖掘红色文化资源、传承红色文化基因的重要途径。就现实而言，优秀红色文化资源在我国多个县域都有分布，在对其进行保护的基础上合理开发，连接至所在县域的文旅经济，是变红色资源为红色经济、使红色文化更具活力地传承下去的关键。那么，县域如何实现红色文化资源与文旅产业的融合、将其作为乡村振兴的重要一环呢？

在保护红色文化资源的基础上对其进行合理开发，深入挖掘其历史价值，赋予其新的时代价值，是盘活中华优秀文化资源，实现文化创新的重要方面，同时也是发展文旅经济，培育县域经济新业态的重要途径。依托于乡村振兴和文旅融合两大政策，各地应将红色文化资源开发作为地区经济开发的一项重点内容，将红色文旅作为地区经济振兴的一个重要方向，紧扣价值挖掘、教育引导、人才培养与理念创新，努力走出一条具有区域特色的红色文旅发展模式。

红色文化旅游资源广泛分布在各个县域地区，可以强化各县域之间的联系，集成各县域的红色旅游资源，设计完整的旅游线路，并构建相应的产品体系，充分满足游客的需求，也可以进一步优化资源配置，深入挖掘并充分利用各个县域的红色文化旅游资源，提高资源利用效率。

在合作方面，各县域应整合各项红色文化旅游资源，互相联动，实现优势互补。从实际操作上来看，首先，各县域需要互相合作，共同开展与红色文化旅游相关的宣传推广活动，提升红色文化旅游的知名度和影响力；其次，各县域需要互相协同，共同对红色文化旅游的发展进行规划和管理，确保标准和服务质量的一致性，为游客提供良好的游玩体验；再次，各县域需要互相联合，开展互访活动，销售各类旅游产品，加强业界交流，促进游客流动，扩大旅游市场；最后，各县域还需互相沟通，共同搭建合作平台，设立合作机制，制订发展规划，落实相关政策。

总而言之，发展红色文化旅游是有助于红色文化传承和地方经济发展的重要举措，相关各方正积极推动县域红色文化与旅游产业融合发展，力图借助红色文化旅游来驱动县域经济快速发展，获取更多经济效益和社会效益。但从具体实践方面来看，红色文化与旅游产业的融合是一项具有一定难度和复杂度的工作，离不开各个相关方的支持。

第18章
典型案例：红色文旅的实践启示

01　赣州：推动红色旅游高质量发展

赣州是一座充满历史底蕴和红色记忆的城市，也是红军长征路的重要组成部分，拥有大量红色历史印记、英雄故事、传统村落和生态景观。近年来，赣州积极激活文旅新场景、新业态，依托红军长征留下的革命遗存，不断创新红色旅游发展模式，打造长征品牌，推动红色文化资源创造性转化，激发长征精神传承和文旅产业发展的新动力。

（1）以红色资源保护来夯实红色旅游发展基石

红色资源是党的历史和革命精神内涵的集中体现，也是宝贵的历史遗产和精神财富，是发展红色旅游的重要资源。现阶段，赣州正不断加大对革命文物、革命旧址等红色资源的保护力度，利用这些红色资源大力发展红色旅游。

一方面，赣州确立了“保护管理、研究宣传、开发利用”的基本路线，针对红色资源的保护和利用展开意见征集和红色资源调研普查等活动，并据此制作台账名录，建设红色基因数据库，充分了解和把握自身所拥有的红色资源。

另一方面，赣州充分认识到了文物保护和文物修缮的重要性，积极落实红色资源保护和利用工作，梳理各项文物保护工作（如抢救性保护、预防性保护、单点保护、集群保护等）之间的关系，根据具体情况选择合适的保护方式，加快建设重点展示园和展示带，发布相关政策文件，为文物保护和文物修缮提供政策和资金方面的支持，并尽力维护红色资源的历史真实性、风貌完整性和文化延续性。

除此之外，赣州还从产业扶持方面发力，陆续发布各项相关政策文件，如《关于进一步加快红色旅游发展的实施意见》《赣州市引客入赣奖励办法（试行）》等，将各个红色剧目和红色景区纳入重点奖补范围，利用产业扶持政策和奖补政策为红色旅游产业的发展提供支持。

(2) 以红色文化活用提升红色旅游的吸引力

为了提升红色旅游的吸引力，赣州需要从形式和载体方面入手展开创新工作，充分发挥红色资源在文旅方面的价值，让游客可以在红色旅游中了解、感悟和传承红色文化，获得全新的旅游体验。

习近平总书记曾对革命文物工作作出过重要指示，并强调了革命文物保护利用的重要性。赣州市以此为指引，将革命文物作为传扬红色精神的重要“教材”，并在革命旧址、革命纪念馆的基础上建设爱国主义教育基地，积极组织和参与各项文物保护利用相关宣传推介工作，加大对革命文物的保护、管理和利用力度，同时举办红色故事大赛等活动，并依托红色文化创作大量高质量的文艺作品，如赣南采茶戏《一个人的长征》、大型红色文旅史诗《长征第一渡》、大型经典音乐史诗《长征组歌》等，利用文艺作品为游客提供更好的游玩体验，加深游客对红色文化的感悟。

随着科技水平不断提高，数字技术逐渐被应用到文旅产业当中。赣州市充分发挥数字技术的作用，创新红色资源利用方式，建设了具有较强体验感、互动感和参与感的红色文化体验基地，让游客可以沉浸式地感受红色文化。以赣州的瑞金市为例，瑞金充分利用自身所拥有的红色文化遗产，将数字技术与革命旧址相融合，提升游览的互动性，并积极建设馆藏文物保护数字化系统，向游客提供智能讲解、VR游戏和AR导览等数字化服务和各类研学产品，提升游客的游览体验。

赣州市在多个地级市（如瑞金、上犹、会昌等）组建和改扩建红色展览专家评审会，加大对革命旧址保护和陈列布展等内容的审核力度，并以红色资源赋能资政育人，基于革命遗址等红色资源进一步推进党员、干部教育培训工作，在红色场馆建设新时代文明实践点，着力促进新时代红色文化传承和红色文明实践。

（3）以经济效益增收开拓人民群众的幸福路

赣州发展红色旅游产业有助于提升革命老区的经济水平，促使经济效益与社会效益趋向协调统一，进而达到凝聚民心和富民安居的目的。

从具体实践上来看，赣州市对各个红色旅游区域和各项红色文化资源进行协调统筹，大力推动红色旅游区域协调发展，建立由瑞金、兴国和于都组成的瑞兴于红色旅游联盟，确立相关联席会议制度，积极开展红色文化讲解员培训和联盟年会等活动，同时进一步深化吉安、湘赣边和深赣对口合作，大力推进区域融合，延长红色旅游产业链，推动红色资源与苏区的各个产业及各项资源互相融合。

赣州充分发挥红色文化资源的创新性和创造性，推出“红色+”的新型发展模式，如“红色+生态农业”“红色+非遗传承”“红色+休闲康养”“红色+党史学习教育”等，利用红色旅游来带动区域经济发展，促进乡村振兴，深挖红色资源的价值，让红色资源溢出“金色效益”。

不仅如此，赣州市还持续推进红色旅游项目建设，如长征文化公园、红色驿站、红军村等，将红色文化与研学培训相结合，打造红色旅游精品线路，如“追寻共和国摇篮足迹”“新时代赣南苏区振兴发展”“重走中央苏区长征路”等，并大力建设全国红色基因传承示范区。

在推进旅游强国建设的过程中，应充分利用红色资源，继承和弘扬红色精神，推动红色旅游高质量发展，赣州是我国发展红色旅游的重要阵地，也要立足红色旅游资源禀赋，探索高质量发展道路。

02　瑞金：红色旅游助力乡村振兴

瑞金市被誉为“红色故都”，是我国著名红色旅游城市，也是全国爱国主义和革命传统教育基地。瑞金市境内遗存大量珍贵的红色文化资源，现存革命旧址 127 处，纪念馆的馆藏文物高达 11128 件。不仅如此，瑞金市还是“红色旅游重点旅游区”和“红色旅游景点景区”，拥有“红色旅游精品线路”。

近年来，瑞金市积极探索将红色文化旅游资源转化为发展动能，并确立了“一村一景一特色”的发展模式，促进红色文化与农旅相融合，建设红色名村，并不断丰富红色文旅产业链，优化完善文旅线路，创新营销理念，吸引外部资本入驻，提升游客的游玩体验，提升乡村旅游的精品化、专业化、规范化程度，助力乡村旅游实现全域化发展。

（1）“红色引流＋吃住在农家＋产业群共建”模式助力兴村富民

瑞金市所打造的各个红色名村利用“红色故事”吸引游客，推动文化和旅游相融合，并以红色精神为中心开展各类活动，优化游客的旅游体验，与此同时，旅游业的发展也为当地带来了更多的就业机会，当地采用“吃住在农家”的模式来发展旅游业，让更多村民参与旅游接待当中，促进当地经济发展。例如，黄沙村利用“十七棵松”的故事吸引大量游客前来游玩；洁源村充分利用红军夜校、红军医院等红色文化资源，推出“浴血瑞京”红色实景剧；麻地村借助“长征第一站”的身份设计出以“长征宿营”为主题的乡村旅游方案。

不仅如此，以上几个红色名村还在村党支部委员会和村民委员会的组织下建立起乡村旅游合作社，连通红色资源与其他资源，进一步提升乡村旅游业态的多样性。例如，黄沙村将红色资源与农业资源相结合，打造出本土农产品品牌“华嬷嬷泡菜”，并创造了巨大的经济价值；麻地村推出“万田麻地米果”，并举办黄元米果节，在吸引游客前来游玩的同时不断扩大麻地长征文化品牌的知名度；洁源村引进了红色旅游项目“浴血瑞京”，并建设出樱花奇境小镇和精品果蔬采摘基地，将红色文化资源与乡村旅游相结合，促进乡村旅游发展。

由此可见，这些红色名村整合各项相关资源，推出各类农副产品和特色小吃，并在此基础上建立起包含多种服务（如观光、垂钓、采摘、会议会展和餐饮住宿等）的生态乡村旅游产业，推动乡村经济快速发展，实现了文旅富民。2022年，“华嬷嬷泡菜”的年销售额超过1000万元，销售量达80万罐，这既解决了农村地区的时令蔬菜销售问题，也达到了为当地农民增收的效果，帮助许多种植户实现了脱贫。

（2）“坐下听 + 游中学 + 行中悟 + 品中感”研学旅行模式为红色乡村赋能

瑞金市充分利用自身所拥有的红色文化旅游资源，建设了多个红色研学旅行村（如沙洲坝村、官山村、叶坪村等），大力推动红色研学与旅游相融合，推出以“坐下听 + 游中学 + 行中悟 + 品中感”为主要内容的红色精神研学课程和主题活动，并围绕红色研学旅行村开发途经各个红色景点的旅游线路，将红色景区作为开展研学的课堂，同时也从政策方面给予一定的支持，为游客提供集研学和旅游于一体的新体验。

沙洲坝村、官山村和叶坪村均拥有十分丰富的红色文化资源，是建设红色文化研学基地和开展红色文化研学活动的重要阵地。这些红色研学旅行村充分利用各项红色文化资源，如“一苏大”

旧址、“二苏大”会址、瑞金共和国摇篮景区、中共中央政治局旧址、中华苏维埃共和国临时中央政府等，积极策划和开展研学活动，吸引游客前来研学和游玩。

在开展研学活动的过程中，大量村民参与游客接待当中，同时相关部门也为参与接待的农户提供培训课程，提升农户的服务能力，推动红色研学旅行村建立起“培训到农户，体验到农户，用餐到农户”的新型旅游发展模式，为当地农户创造了更多收入。与此同时，当地农户也建立起合作社，以农家乐、红色导游等形式向游客提供服务，并推出各类具有当地特色的文创产品和土特产，进而实现了收入的进一步增长。

(3)“红色康养 + 生态产业 + 种子芯片”模式带动乡村经济发展

瑞金市将红色文化与农耕要素相结合，并引入社会资本，在乡村田园环境中建设红色康养村落，如朱坊村、田坞村等，同时在此基础上集成红色旅游、研学培训和生态康养等多项元素，进一步完善农文旅产业链，提升资源利用效率，促进乡村经济快速发展。

从实际发展情况来看，朱坊村与田坞村互相联合，共同开发红色文化旅游资源和乡村康养旅游资源，围绕红色旅游和生态康养建设农文旅产业链，规划农文旅产业发展格局，并积极开展

“六红教育”活动，利用红色文化发展健康产业，与此同时，这两个村庄还引入外部资本，研究新品种的农作物，如适合糖尿病人食用的大米，并建成荸荠产业基地、蔬菜产业基地、火龙果产业基地和食用菌产业基地，在获取农作物经济价值的同时也推动乡村绿色生态旅游快速发展。

03　延安：打造红色文化旅游品牌

延安是我国的革命圣地，也是我国现存最完整、面积最大的革命遗址群，拥有十分丰富的红色旅游资源和深厚的历史文化，1982 年，国务院公布了第一批历史文化名城，共 24 座城市，延安也位列其中。

延安市拥有大量革命旧址，延安革命遗址也已被我国国务院列为第一批全国重点文物保护单位，且已进入“首批中国 20 世纪建筑遗产”名录。延安陆续为多个革命旧址（如枣园、抗小、鲁艺、杨家岭、王家坪、瓦窑堡、凤凰山等）投资，进一步加强对这些革命旧址的保护，依据这些革命旧址打造相应的红色文化品牌形象，并设计出“红色陕西·圣地延安”精品线路，打造红色旅游景区和旅游特色街区，不断提升旅游景区的服务质量，增加高质量的酒店和餐馆的数量，为游客提供更优质的游玩体验。

延安是全国爱国主义教育基地、延安精神红色教育基地，也是全国青少年延安革命传统教育基地，在革命教育方面发挥着十分重要的作用，同时也塑造出了独具特色的红色文化旅游品牌形象。

（1）创新文旅产业的模式和业态

延安市在加大政府监管力度的同时为企业发展红色文化旅游业务提供了较大的支持。陕西文化产业投资控股有限公司及其分公司推出了许多延安红色旅游文化产业项目，并将各类先进的数字化技术（如全景3D动态影像技术等）融入其中，打造出互动性更强、仿真度更高的旅游场景，让游客可以沉浸式感受红军长征所面临的环境，了解延安红军的生活面貌，感悟长征精神。与此同时，该企业还推出一系列以红色文化为核心的文艺作品，如实景演出《延安保卫战》、舞台剧《延安保育院》《红秀延安》等，并持续征集各类红色旅游演艺方案，不断推出各类红色旅游演艺作品，打造集红色文化、旅游和演艺于一身的新型旅游形式，创新文旅产业的模式和业态，推动延安文旅产业快速发展。

（2）促进红色文化旅游品牌“跨界”联合

“两圣两黄”是延安发展红色文化旅游的突出优势，也是延安历史文化和风土人情的重要体现。其中，“两圣”指的是“中国革命圣地”延安和“中华民族圣地”黄帝陵，“两黄”指的是“黄河壶口瀑布”和“黄土风情文化”。

在延安市，红色旅游已经成为一项重要发展战略，影响着当地经济和社会的发展。一般来说，较为单一的旅游产品结构会在一定程度上限制文旅产业的发展，而延安不仅掌握着大量红色文化资源，还拥有丰富的民俗文化，可以将红色文化与各类民俗文化相融合，通过“红色＋非遗”“红色＋人文”等方式提升文旅发展的多样性，利用灯会、毛绣、闹秧歌、信天游、布堆画、安塞腰鼓、宜川胸鼓、窑洞窗花和陕北农民画等民间艺术形式来吸引游客，为游客带来更加多样化的红色文化旅游产品和更加丰富的游玩体验。

近年来，延安充分发挥红色文化资源富集优势，落实“品牌形象驱动”战略，围绕“两圣两黄”建设世界级旅游品牌形象、国家级旅游品牌形象以及区域级品牌形象体系，构建红色现代文旅产业体系，深入挖掘红色文化资源价值，推动红色文化资源转化为文化旅游产品，打造“魅力延安”，提升延安红色文化旅游在全国范围内的知名度和影响力。

(3) 打造延安红色旅游文创纪念品形象

延安积极开展红色文化旅游文创产品征集活动，并开设了许多文创产品直营店，围绕“延安故事”等红色文化相关主题设计了大量优秀的红色旅游文创产品，这些文创产品既有助于扩大延安红色文化旅游的知名度，也为延安带来了良好的经济效益。

延安旅游集团旗下的延安故事文化创意有限公司开发了5大类文创产品，且这5大类又可进一步细分为400多个品种，其中，红色文创产品最多，涉及“红色延安”“延安印象”“延安记忆”“延安味道”和“不忘初心”等多个系列，能够为游客提供十分丰富的文创产品供给。除此之外，该企业还围绕“延安故事”推出了红色文化数字藏品，以充分满足游客的需求。

具体来说，“延安故事”系列红色文化数字藏品主要包含“旭日升”和“万山红”两款藏品，这两款数字藏品融合了数字技术，创作灵感均来源于革命时期的宝塔山，在一定程度上反映了延安精神，其中，“旭日升”限量发售1949个，“万山红”限量发售2022个，两款产品均引起了各方人员的关注，并在上线后迅速售罄。

圣地河谷·金延安“延知有礼”文创中心围绕延安的红色历史文化和黄土民俗文化展开创作，并将现代科技和工艺融入红色文创产品当中，在塑造自身品牌形象的同时开发和设计各类文创产品，利用创新性的文创产品来宣传延安红色文化，促进延安红色文化快速发展。

04 井冈山：红色文化引领绿色生态

井冈山是中国革命的摇篮，承载着无数英雄先烈的奋斗与牺牲，拥有大量经典红色故事、革命旧居遗址和秀丽的自然风光，且具备生物多样性保存完好、森林覆盖率高、空气含氧量高等诸多优势，巧妙地融合了红色革命景观和绿色生态美景，是我国红色文旅的名片。

就目前来看，井冈山风景旅游区已经确立了“红色引领，绿色发展”的战略方案，大力推动旅游产业高质量发展，并陆续获得多个国家级称号，如国家AAAAA级旅游景区、国家全域旅游示范区、全国文明风景旅游区等，同时在旅游市场中也获得了良好的口碑。

在红色旅游方面，井冈山主要采取了以下几项措施。

（1）全域联动聚合力

井冈山积极响应国家全域旅游示范区建设，协调山上山下各个相关方，充分落实“茨坪+”行动计划，大力推进“1+6”特色小镇建设，落实对停车场、茨坪二环路、新农贸市场和刘家坪红军文化村的建设工作，优化完善茨坪公共服务功能，提升旅游业态的多样性，为游客提供更加优质的服务，进一步提高城市品位，不断加快将茨坪建设成全国知名特色生态休闲小镇的速度。

不仅如此，井冈山还在大力推动其他各个特色旅游小镇的建设工作，力图将梨坪建设成集会议培训和避暑度假为一体的文化小镇，将罗浮建设成可以为游客提供高质量的休闲养生服务的度假小镇，将黄坳建设成以运动健身为主要服务内容的运动小镇，将茅坪建设成拥有红色培训和民宿度假等服务的体验小镇，将龙市建设成以红色旅游为主的景区，将拿山乡和厦坪镇建设成能够为游客提供农业观光和民俗体验等服务的休闲小镇。

（2）发展民宿添动力

井冈山充分发挥自身在红色文化资源和绿色自然资源方面的优势，遵循“宜红则红、宜绿则绿、宜农则农”的发展思想，大力推动文旅产业向差异化和特色化的方向快速发展，并不断提升自身的服务能力和旅游产品的多样性，充分满足游客的需求。

井冈山在各个景区周边的村镇建设学生研学民宿基地，在红色文化资源丰富的村镇建设红色培训精品民宿，围绕红色文化打造红色精品研学线路，促进文旅产业发展。与此同时，井冈山还充分利用当地的其他旅游资源，在拥有中岭国际自行车赛道的黄坳建设运动康养精品民宿，吸引热爱运动的游客；在柏露乡鹭鸣湖景区建设共享农庄，为游客提供农事体验服务。

（3）优化环境提效力

井冈山不断对环境进行优化，充分落实“场馆提升”工程、“形象提升”工程和“氛围提升”工程，从而为开展红色教育活动提供更好的场地，美化景区景点环境，提升旧居旧址的氛围感。与此同时，井冈山也已经完成了南山公园改造提升项目，并将红色文化融入进山公路当中，突出展示红色文化旅游特色，清理和拆除茨坪城区的各种小摊、大型户外广告和违规搭建的建筑，为游客提供整洁、文明、美观的环境。

井冈山采取各项措施提升旅游行业经营的规范性，严厉打击旅游市场中的各类违规违法行为，如占道经营、超店经营、店外店行为、追客拉客、欺客宰客、黑车、黑导游等，增强自身对各类突发事件的应对能力，打造良好的消费环境，不断美化景区面貌。不仅如此，井冈山还对养殖行为进行了规范管理，禁止在井冈山风景区及自然保护区养殖生猪，并加强森林防火，严惩景区违规建房行为。

（4）打造品牌强实力

井冈山从多个方面入手，不断增强自身红色文旅品牌的竞争力。

① 井冈山不断加大培训机构集中治理力度，建立红色教育产

品品牌，制定红色培训管理办法，并组建红色培训管理办公室，进一步提升红色培训的规范化程度，扩大井冈山红色培训在全国范围内的知名度和影响力。

② 井冈山不断加快建设国家级旅游服务业标准示范区的步伐，优化完善旅游业服务标准化体系，提升服务质量，打造高质量的红色文旅品牌。

③ 井冈山还积极参与全国文明城市的创建当中，提倡文明旅游，为游客提供文明旅游的大环境，进一步提升游客的游玩体验。

④ 井冈山还不断提高旅游产品的多样性，加快推进景点开发和旅游项目建设工作，构建起集会议培训、体验观光、研学旅游和休闲康养于一体的多元旅游产品体系，为游客提供更加多样化的服务，同时推动旅游业向全季节、全时段发展，充分满足游客需求。